小さくても、勝てる。

佐藤寿人

幻冬舎

GO TO
11

▲2歳時、近所の公園で。右が寿人、左が兄の勇人。

▲7歳時、高校サッカーを観戦。
左が寿人、右が勇人。

▲春日部の大増サンライズFC時代。

ジェフユナイテッド市原ユース時代。▶

エディオン
11

小さくても、勝てる。

はじめに

自宅の一角に、これまでのキャリアで獲得してきたメダルやトロフィーが飾ってある場所がある。

昨年、そこにやっと念願の金メダルを飾ることができた。銀メダルに囲まれるようにして、中央に飾ったＪ１優勝の金メダルを眺めながら僕は、ふとこれまでのキャリアを振り返った。

３歳のときからサッカーボールを蹴り始め、これまで幾つもの大会に臨み、幾年ものシーズンを戦ってきたが、僕はいつも、あと一歩のところでタイトルを逃してきた。

プロになる前まで遡れば、Ｊユースカップでも準優勝、日本クラブユースサッカー選手権でも準優勝（ユース時代に国体に出場して優勝したことはあったが、そのとき金メダルはなかった）。日本代表のユニフォームをまとって戦った、U-19アジアユース選手権でも銀メダルに終わった。

プロになってからは、サンフレッチェ広島で、２００８年に天皇杯決勝に進出し、２０１０

年にヤマザキナビスコカップ決勝に進んだが、いずれも敗れた。

僕はずっとシルバーコレクターだったのだ。

しかし、2012年シーズンにサンフレッチェ広島は、初めてのJ1優勝を成し遂げた。それは僕にとっても、プロ13年目にして初めての日本一だった。

2012年4月7日に、J1通算100得点目のゴールを挙げた。2012シーズンは終ってみれば、22得点で、初のJ1得点王になることができた。J1・J2を含めた通算得点は、日本人最多となる167点になっていた。

僕は自分一人の力で局面を打開して、得点を奪うタイプのFWではない。

足はそこそこ速いほうかもしれないが、身長も低ければ、フィジカルが特別強いわけでもない。

身長の低さは、小学生のときからのコンプレックスだった。プロの世界に入ってからも、特にセンターフォワードというポジションで、170センチという身長は少なからずハンデになった。ずっとこだわり続けてきたセンターフォワードを外され、違うポジションでプレーしなければならない憂き目にも何度も遭った。

そんな僕がプロとしてここまでやってこれたのは、ゴールを奪うために、「思考」することをやめなかったからだと思う。僕は壁にぶち当たるたびに、挫折するたびに、どうプレーしたらいいか、ずっと考え続けてきた。

ストライカーとしての能力を向上させるにはどうすればいいか。

自分を生かしてもらうために、チームメイトとどうコミュニケーションを取っていけばいいのか。

サッカー選手として長くプレーしていくために、どんな姿勢を身につけなければいけないのか。

そのすべてが今の自分を形成し、１６７得点というゴールの一つひとつにつながっている。悩み、考えることで、新しい道は開けるし、コンプレックスやハンデも自分の特長にすることもできるのだと思う。

僕の思考方法や、これまでの経験をこの本にはすべて詰め込んだつもりだ。少しでも皆さんの抱えている悩みや考えのヒントになってくれれば、と願う。

第1章 ストライカーはエゴイストであれ！

第2章 兄・勇人、仲間、そしてライバルたち

第3章　キャプテンとはどうあるべきか

第4章 プロサッカー選手という生き方

第1章

ストライカーはエゴイストであれ！

ＦＷであることへの、比類なきこだわり

僕は、ＦＷに対するこだわりが強い。メンバー表の登録にすらこだわっているくらいで、仮にＭＦで登録されようものなら、その表記に違和感を覚えてしまう。それくらい、ＦＷ、ストライカーというポジションは譲れない。

もちろん、これまでのキャリアで、ＦＷ以外のポジションでプレーしたことは何度もある。記憶を遡《さかのぼ》れば、最初はジェフユナイテッド市原のジュニアユース時代だっただろうか。ユース昇格を控えた中学３年生のとき、指導者の内田一夫さんから打診された。

「ユースでプレーするならばＦＷは厳しいかもしれない。トップ下でプレーしてみろ」

理由はすごくシンプルだった。ストライカーとしてはあまりにも身長が低すぎたからだ。おそらく内田さんはユースでのプレーを見据え、僕の可能性を引き出そうと思って、ＦＷではなくトップ下へのコンバートを勧めてくれたのだろう。

ジュニアユースからユースに上がれば、より身長が高く、フィジカルの強い選手が集まってくる。身長の低さはハンデになりかねない。だから、２列目から飛び出してゴールを狙うほうがいいと考えてのこともあったのだと思う。

自分とほとんど背丈が変わらない兄の勇人（ジェフユナイテッド千葉）はそのころからＭＦだったし、僕らの両親が小柄なことも知っていた内田さんは、今後僕が急激に身長が伸びることはないと判断したのかもしれない。

「分かりました。トップ下、やってみます」

そう答えたものの、内心は「絶対に」が付くほど嫌だった。当時のトップ下といえば、いわゆる司令塔的な役割を担うことが多かったからだ。

だが、ユースへの昇格を目指していた僕に選択の余地はない。ただし、すべてを受け入れたわけではなかった。トップ下でプレーはするが、パサーになるつもりは毛頭ない。あくまでプレースタイルは、ストライカーであり続けようと考えていた。

２列目からゴール前に飛び出して、ＦＷ以上にゴールを奪えば、点取り屋として再び評価される。とにかくゴールを取って、取って、取りまくり、結果を残すことでストライカーとしてやっていけるということを証明してやろうと決意していた。

もしかしたら内田さんは、僕がそう考えることまで計算していたのかもしれない。僕は子供のころから頑固だったから（笑）。

この年は背番号も「10」を付けていたけれど、それすら嫌だった。

子供のころからストライカーは「9」か「11」というイメージを持っていて、背番号「10」

はゲームメーカーが付ける番号だと思っていたからだ。1996年のジュニアユースの全国大会ではトップ下でプレーし、MFとして優秀選手に選ばれた。そして優秀選手による東西対抗戦のメニコンカップにもトップ下で出場した。その試合でもとにかくストライカーとしてアピールしなければと、ゴールを狙い1得点したことを覚えている。

ユースに上がってからも、何度かコンバートさせられそうになった。その理由は決まって「身長が低い」からだった。ストライカーとしての能力に問題があるのであれば、努力で補えばいい。でも、自分ではどうにもならない、身体的な部分を理由にされるのは本当に辛かった。だから、ゴールという結果を出し続けることで、ジュニアユースのときも、ユースのときも評価を覆してきた。

プロになってからもFWというポジションにはこだわり続けた。

セレッソ大阪に所属していた2002年のことだ。J2第6節の大分トリニータ戦だった。3点を追いかける状況で僕は西村昭宏監督に呼ばれると、こう言われた。

「左サイドで出場してくれ」

求められたのはゴールを決めるFWとしての働きではなく、左サイドのウイングバックとしての役割だった。当時の心境としては、「なんでFWとして起用してくれないんだよ!」と憤ったが、逆転を目指すチームのために出場した。

だが、練習でも一度もやったことのないポジションだったので、ミスしないようにプレーすることで精一杯。僕は危なげないプレーに終始し、チームはそのまま0対3で敗戦した。するとオフ明けの練習で、チームメイト全員が集まっているときに、監督から自分のプレーについて指摘された。

「途中出場で出た選手が消極的なプレーをしていては、変えられる流れも変わらない。もっと積極的にプレーしろ」

でも、僕は納得できなかった。自分はウイングバックの選手ではないという気持ちが強かったからだ。ＦＷとしてのプレーを指摘されたのであれば、考えもするし、改善もする。だが、ウイングバックとして評価されても、僕はそこで勝負するつもりなどない。あくまで自分はストライカーである。

ベガルタ仙台に所属していた２００３年にも、ＭＦで起用されたことがあった。チームが残留争いをしている中で、指揮官が清水秀彦監督からジェフユナイテッド市原時代に指導を受けたことのあるズデンコ・ベルデニック監督に代わった。

それと同時にシステムやメンバーも変わり、僕は4-4-2の2トップではなく、中盤の左サイドで起用されたのだ。ベルデニック監督が言うには、数少ないチャンスをゴールへと結びつけるために、カウンター時に2列目から前線へ飛び出していける運動量のある選手がほしいとのことだった。心情としてはやりたくはなかったが、残留争いをするチーム状況を考えて、全力を尽くそうと考えた。

2ndステージ第9節のガンバ大阪戦で左サイドMFを任されると、前半は全く攻撃することができず、パラグアイ代表にも名を連ねたDFチキアルセのマークに追われた。後半に入り、少しポジションを高めに取れるようになると、後半3分にまさしく狙いどおり、カウンターに飛び出してクロスから得点を決めた。それはチームにとって1stステージから含め20試合ぶりの勝利でもあり、その試合でゴールという結果を出した自分は、これを機に再びFWに戻ることができた。

幾度もストライカーでのプレー機会を奪われそうになったが、そのたびに僕はゴールという結果を出すことで、そのポジションに返り咲いてきた。試合に出られるのであれば、どこでも構わないという選手もいるが、僕はそうじゃない。少し大袈裟《おおげさ》かもしれないが、FWで出られないのであれば、試合に出なくてもいいとすら考えている。

MFやDFならば、自分よりも適性の高い選手はいくらでもいる。だが僕は子供のときからストライカーとしてプレーしてきたぶん、このポジションの技術や動きを誰よりも備えているという自負がある。

よくボランチでプレーする選手のことを〝職人〟と表現するが、ストライカーも職人ではないだろうか。幼少期からずっとFWとしてプレーし、ありとあらゆる得点場面に遭遇しているのだから。そのたびにストライカーの引き出しには、アイデアが詰まっていく。ゴール前でのアイデアや選択肢の多さでは、MFやDFには絶対に負けない。ストライカーこそ点を取る職人である。

ゴール前で相手を騙《だま》すテクニック

ゴール前は僕にとっての戦場である。いかにしてマークするDFの裏をかくのか。そこでは、DFとの激しい心理戦が繰り広げられている。

サッカーは相手がいるスポーツだ。FWであれば、まずはボールを持った選手との関係性がある。パサーがどこにパスを出そうとしているのか、そして自分がどこにパスがほしいのかを共有することで、この関係性は成立する。

そして相手として自分をマークするDFがいる。彼らがどう対策を取ってくるか、またどういうイメージで守ろうとしているかを考える。その上で、相手の逆を突く、もしくは裏をかくにはどうしたらいいかという思考を巡らせながら、ゴールという目標を目指していく。

よく、1試合の走行距離がデータとしてクローズアップされることがあるが、FWの場合は、

走行距離よりも、何度試合中に〝走り直して〟いるかで評価すべきではないだろうか。

DFのマークをかいくぐるため、味方のパスを引き出すために、FWは何度も、何度もゴール前でDFとの駆け引きを行い、そのたびに細かく方向転換を繰り返す。

だから、1試合でどれだけ走ったかよりも、何回、方向転換をしたかというデータのほうが、よりFWのパフォーマンスを評価できると思うのだ。

だが、実際は10回くらいボールを引き出す動きをして、2、3回くらいパスが来ればいいほうだ。サンフレッチェ広島ではチームメイトに、まずボールを持ったら、出す、出さないは別として、自分を見てほしいとは話しているが、それでも何度も何度も動き直して、ようやくパスが出てくる。

相手のDFを出し抜き、最高の状態でパスを受けるために、FWはいくつもの伏線を張っている。

例えば、DFの裏でボールを受けたいのだけれど、DFラインが下がっているため、そのスペースがない場合。そのときは、足元でボールを受けるつもりがなくても、わざと下がってボールをもらいに行く。それも本当に足元でボールを受けるときとは、違う動き方をするのだ。

そうすることで味方は「これはフェイクなんだな」「裏へ抜けるためのフリなんだな」と感じ取ってくれる。僕が引くことでDFがついてきてくれれば、こっちのものだ。DFラインを上げさせたことで、裏にはスペースが空いている。僕は本来の狙いどおり、DFの裏へ向けて走り出し、そこにパスが通れば、決定機を作り出すことができる。

2012年8月18日、J1第22節、アルビレックス新潟戦で決めた得点は、最もうまくいったゴールの一つだ。僕はある日の練習中に、トシ(青山敏弘)をつかまえ、こんな話をしていた。

「後ろでボールを回しているとき、オレがオフサイドの位置にいるときがあるけど、それ、わざとだから。そうすると、相手のセンターバックは、自分たちのDFラインを保つことと、オレのマークの両方に気を取られるでしょ? そこから、スルスルッと動いて、いつものようにセンターバックの前にポジションを取り直すから、そのタイミングでオレに縦パスを入れてほしいんだよね。それもできれば、浮き球のパスじゃなくて、より足元へ通るようなパスを」

なぜ、浮き球ではなく、足元にパスがほしいのか。

DFの裏にスペースがあるときは、そのDFの頭を越すようなパスも十分に有効だ。でも、浮き球のパスの場合は、両センターバックはゴールに向かった状態のまま、ボールと、そのボールの受け手である僕に身体を寄せてくる。

その一方で足元へのパスの場合は、DFはまずゴールを背にしたまま、パスを受ける瞬間を狙って身体を寄せてくる。その瞬間、僕がボールをスルーしてそのまま前を向けば、ゴールを背にしている両センターバックよりも早く前を向き、ゴールへ向かってスタートを切れる。DFが振り返ったときには、僕は半歩、いや一歩、彼らより前にいることができる。僕は試合の状況を頭にイメージしながら、続けた。

「そうすれば簡単にDFの裏が取れる。あとは、トシのパスのタイミングとスピードさえ合えば、いいだけなんだ」

アルビレックス新潟戦の前半26分、後方でパスを回しているとき、僕は前線でわざと曖昧なポジショニングを取った。両センターバックの中間、それもオフサイドポジションにいた。新潟のセンターバックは、何度も、何度も首を振り、僕の位置を確認していた。両センターバックはアイコンタクトしながらも、僕のマークをどちらが見るか決めきれずにいたように見えた。明らかに僕の微妙なポジショニングに困惑していたのだ。

そして、僕は中央から、フラフラと一方のセンターバックの前を通り過ぎ、少しだけ左サイドに寄った。後方では横パスをつないでいたが、時を同じくして、カズ（森﨑和幸）からトシへ縦パスが入った。それはチームが攻撃に打って出るスイッチだ。

「来る！」

センターバックの前で一度、体勢を整え、くさびのパスを受けるフェイクを入れた僕は、一気にスピードを上げ、両センターバックの間へ向かって走り出した。その動きを感じてくれていたトシは、その間を通すように縦パスを供給した。タイミング、強さはばっちりだった。予想どおり、両センターバックはゴールを背にした状態で最初は寄せてきたが、パスをもらう前からゴールに向きスピードに乗った僕と、絶好のパスには追いつけない。GKが前に出てきたところで、僕は左足でちょこんと触り、ゴールへと流し込んだ。ゴールを決めた僕は親指を立て、縦パスを出してくれたトシを称《たた》えた。

これ以外にも、細かい動きはいくつもある。

目線や顔の向き、さらには上半身などを使って、相手と駆け引きすることもある。

一度、練習試合で試みた動きがある。

右サイドから上がるクロスを、ファーサイドで受けようとしたが、そこにはマークがいた。DFの視野から見て僕の全身は入っていないが、存在には気がついている。

そこで、僕はファーで受けるために、わざと手を動かし、手だけDFの視野に入るようにニアへと走り込む動きを見せた。DFは、ニアに走り込むと思い、僕の前方へと動き出した。手だけを動かしただけで僕は、そのままファーにいてフリーになることに成功したのだ。結果的にクロスが合わず、ゴールすることはできなかったが、ゴール前ではそうした小さな駆け引きをいくつも行っている。

これもすべては経験に基づいている。試合を重ねれば、重ねるほど、その引き出しは増えていくし、相手の裏を読めるようにもなっていく。伏線が効果的に作用してゴールに結びついたり、僕のフェイクや演技に相手がつられたことでゴールに到達したときは、してやったりという、何ともいえない爽快感がある。

身長の低さを補ってくれたトレーニング方法

振り返れば、僕のサッカー人生はコンプレックスとの戦いでもあった。

子供のころから身長が低く、「小さい」ということが常に付いて回った。最初にそれを実感したのは、ジェフユナイテッド市原のジュニアユースに加入したときだ。

セレクションを受け、何とか加入したジェフユナイテッド市原のジュニアユースだったが、練習に参加してみると、自分より身長が高い選手がごろごろいた。当時、身長が140センチ程度しかなかった僕は、中学1年生で170センチの大台に乗ろうかという長身FWとポジションを争わなければならなかった。他のポジションの選手たちも身長が高く、同時にボールを追いかけても足の速さではかなわず、浮き球に競り合っても体格が違いすぎて簡単に負けてしまった。

「これは今までとは違うぞ」

当初は自信を失いかけたが、ここからが僕のストライカーとしてのサッカー人生の始まりでもあった。

スピードを上げるために、フィジカルコーチだった池田誠剛さんの指導により、ラダーを使ったステップワークトレーニングに精を出した。家の前でも自ら買ったマーカーで来る日も来る日も、日が暮れるまでトレーニングした。そうやって、ピッチ上での急な方向転換やステップによって身体の向きを変える動きに磨きをかけた。

今でこそ一般的になったラダーだが、当時はまだ、あまり知られていなかった。

知らない人のために説明すると、ラダーとは梯子《はしご》のこと。梯子状になっているロープを地面に敷き、その上をさまざまな方法でステップしていく。ときには左右に、ときには上下に。正しく、そしてテンポよくステップを踏むためには、頭を使わなければならない。スムーズにスピーディーに、テンポよくリズムよくステップを踏むには、次の動作、その先の動作まで考えながら動かなければならない。

今でこそ、器具を使ったトレーニングや科学的なトレーニングも取り入れられるようになったが、当時は専門的なトレーニング方法はまだまだ少なかった。その一つであるラダートレーニングを、身長という壁にぶつかったときに試みたというのは大きかったと思う。

自然と考えながらトレーニングする力が身につき、ボールを使った練習や試合でも、考えな

がプレーするという習慣につながったからだ。考えてプレーする原点は、コンプレックスを克服するために取り組んだラダートレーニングにあるかもしれない。

ワールドクラスの選手から得たヒント

日本が初めてワールドカップに出場した1998年。

僕もその年に初めて日の丸のついたユニフォームに袖を通した。アジアユース選手権を目指す、U-16日本代表に選出されたのだ。

1998年フランス・ワールドカップにコーチとして帯同していた小野剛さんが、大会終了後に映像を編集してテクニカルレポートを作成していた。その映像をミーティングの際にみんなで見ることになった。その中で僕はある選手の動きに目を奪われた。

それが、アルゼンチン代表の一員としてワールドカップに3大会連続で出場し、大会通算10得点を決めたガブリエル・バティストゥータの動きだった。

クローズアップされていた試合は、アルゼンチンが5対0で快勝したグループステージのジャマイカ戦だった。バティストゥータは、この試合でハットトリックを達成しているが、映像が着目していたのは、3点を叩《たた》き出したシュートではなく、その前の動きだった。

バティストゥータは、ゴール前で一度、わざとディフェンスに近寄り、マークを引きつけると、そこから一気に膨らむプルアウェイの動きによりDFの視界から消えていた。その動きによって、自ら走り込むスペースを作り出し、なおかつシュートコースをも作り出していたのだ。それはほんの一瞬ではあるが、ゴール前でフリーになる時間帯をも作り出していた。パスを受けたバティストゥータは、右45度から強烈なシュートを決め、ゴールネットを揺らした。シュート精度の高さもあるが、すべてはその前の動きで決まっていた。

僕は身体的にバティストゥータほど大きくもなく、フィジカルも強くはない。でもDFの視界から消えるプルアウェイの動きならば、できる。**フィジカル能力が高くないなら、DFとの駆け引きによって、フリーでシュートを打てるスペースを作り出せばいい。**

それからは意識してプルアウェイの動きを練習するようになった。今では、それは自分のプレースタイルにおける最大の特長にもなっている。

すべては模倣から始まる

僕のプレースタイルは何人ものストライカーの動きがミックスされたものかもしれない。ガブリエル・バティストゥータからゴール前でDFの視界から消える動きのヒントを得たように、子供のときから多くのストライカーのプレーやゴールシーンを模倣してきた。

幼少時代のヒーローはカズさん（三浦知良／横浜ＦＣ）であり、ゴンさん（中山雅史）だった。中学生のときは、６畳の部屋を強引に半分に分け、兄の勇人（ジェフ千葉）と別々の部屋のように使っていたが、僕の部屋の天井にはカズさんとゴンさんのポスターが貼ってあった。そういう趣味のなかった勇人には笑われたけど、雑誌のインタビューも読み漁《あさ》り、プレーを何度も見て、自分もこうなりたいと思った。

１９９４年アメリカ・ワールドカップ一次予選のタイ戦でカズさんが決めたゴールは本当によく真似をした。

後方からゴール前に送られた浮き球のパスをワンバウンドさせ、左足でボレーシュートしたゴールだ。当時、小学生だった僕は、カズさんが左45度からドライブ回転で逆サイドに決めたゴールを再現しようと、何度も、何度も、友だちに浮き球のパスを出してもらい、走り込んではシュートを打った。

１９９７年にジョホールバルで日本代表がワールドカップ初出場を決めたときは、城彰二さんが決めた、インスイング（ゴールに向かって斜めに入ってくる）のクロスからのヘディングシュートばかり練習した。

サイドで味方が切り返した瞬間に、自分も斜めに走り込み、クロスに合わせて頭で狙う。まだ若かったから、うまくヘディングシュートが決まったときには「ジョウショウジー！」と興奮気味に叫び、歓喜する真似までしていた（笑）。他にもカズさんやゴンさんをはじめ、多くのストライカーのゴールをイメージして練習したが、そのどれもが無駄にはなっていない。

プロになってからもそれは続いている。サッカーを見れば見るほど、イメージは膨らむし、かき立てられる。

サッカー選手でも、海外を含めた他のチームの試合を見るタイプと、見ないタイプがいるけれど、僕はなぜ見ないのか不思議で仕方がない。

他の試合を見なくても、自分の中では100点のプレーができているかもしれない。でも、それが試合を**見ることによって、120点にも130点にもなる可能性があるのならば、見たほうがいい**に決まっている。これはストライカーに限った話ではない。どの選手も見れば見るだけ、イメージが湧き、選択肢は増えていくはずだ。

他の職業の人が、自分の仕事について勉強するのと同じように、僕らも勉強といったら大袈裟かもしれないけど、自分が出ていない試合を見ることで引き出しも増えるし、自分の想像を膨らませるという意味でも絶対に必要なことだと考えている。だから、僕は可能な限りサッカーの試合を見るようにしている。

ストライカーだから、特にハイライトやゴール集は欠かせない。見るのはフィニッシュだけでなく、パサーとフィニッシャーの関係性も含まれている。どういう関係性のもとでそのゴールが生まれているのか。ストライカーの動きを見ていただけでは、分からないこともある。

例えば、サイドからのクロスにより生まれたゴールを見たときに、自分のチームで同じようなクロスを出してくれそうな選手は、誰だろうかと考える。浮き球のスルーパスから生まれたゴールを参考にしたいと思えば、このパスを出せるのはあの選手だと思い浮かべる。

そして、練習場に行き、チームメイトに説明し、イメージを伝えることで情報を共有していく。それを練習で試みれば、自分の試合で生かすこともできるし、似たような場面を作り出すこともできる。

試合前日もｉＰａｄの中に入っているゴール集の映像を見て、翌日の試合へのイメージを膨らませていく。ゴールの映像を見れば見るほど、自分のゴールへの選択肢は増え、ピッチでもいくつもの引き出しの中から最善のプレーを選択することができるようになる。

だから僕はこれからもゴールシーンの映像を見続け、膨大なゴールというデータベースを頭の中に蓄積していくつもりだ。

憧れのフィリッポ・インザーギ

模倣すると言えば、忘れてはいけない選手がいる。

僕が尊敬してやまないフィリッポ・インザーギだ。インザーギは、僕が大好きなチームでもあるＡＣミランを中心に活躍した、イタリア代表のストライカーだ。

幼少時代から憧れた選手はたくさんいるけれど、インザーギは中でも特別だ。彼と同じピッチに立って、ユニフォーム交換できたら引退してもいいと言ったこともあるほどだ（笑）。

初めて見たインザーギのプレーは、アタランタに所属していた１９９６／97シーズンのものだった。当時、テレビで放送していた「セリエＡダイジェスト」で、彼の得点シーンを見る機会があった。そのシーズン、インザーギは24得点を挙げて得点王になったが、失礼ながら最初の印象では決してうまい選手だとは思わなかった。

インザーギはうまくないが、コンスタントにゴールを重ねていた。身体の線も細く、特別、足も速くない。それなのになぜ、彼は世界最高峰と言われるセリエＡで得点できるのだろう。

きっかけは、そんな疑問からだった。

アタランタでセリエＡの得点王になった彼は、活躍が認められて、翌１９９７／98シーズンに、名門ユベントスへ移籍する。プロビンチア（地方クラブ）からビッグクラブに移れば、プレッシャーもあるはずだ。得点数は減少するのではと思っていたが、ユベントスでも彼の得点力は変わることはなかった。PKを蹴ることなく、インザーギはユベントスでの1年目でリーグ戦18得点を決めたのだ。当時、セリエAは、クリスティアン・ビエリやオリバー・ビアホフに代表されるように、個の能力の高い、フィジカルを武器にしたストライカーが全盛の時代だった。その中で、目に見える武器があるわけではないのに得点を量産していくインザーギは、僕の目には特異な存在に映った。

注意してインザーギのプレーを見ていると、クロスボールに合わせて入っていくタイミングとコース取りが抜群にうまいことに気がついた。

一般的に言われる、ピッチを三分割した、守備ゾーン、中盤ゾーン、攻撃ゾーンのエリアで考えた場合、彼は中盤のゾーンまでは全くといっていいほど、何もしない。だが、本当に最後のところ、いわゆる攻撃のゾーン、ペナルティエリアの中では決定的な仕事をする。彼は必ずといっていいほど、ラストパスが供給される位置に顔を出し、自らフィニッシュしていた。いつもいいところに彼はいるのだ。

その後もいくつものゴールシーンを見ていると、それは偶然ではなく、すべて計算に基づいた動きだと分かった。彼はつまりボールのないところでDFと駆け引きし、マークをかいくぐり、そして味方からのパスを絶好の位置で受けられるように動いていたのだ。

セリエＡのストライカーの中では、決してフィジカルが強いわけでもなく、スピードがあるわけでもないインザーギがゴールを量産できていた秘密は、フィニッシュまでの「準備」にあった。

２０００年にジェフユナイテッド市原でプロサッカー選手としてのキャリアをスタートさせていた自分は、プロの壁にぶつかっていた。

子供の頃からストライカーとしてプレーしてきて、それなりに得点を決めてきたけれど、身長も高くないし、フィジカルも強くない。自分はプロの世界において、何で勝負すればいいのか、どこを強みにすればいいのか。その答えをインザーギが教えてくれたのだ。

それからはインザーギのプレーをさらに注意深く見るようになった。彼がユベントス時代に発売したビデオを購入し、テープが擦り切れるほど、繰り返し、繰り返し、映像を確認した。そのビデオはプレー集以外にもプライベート映像が収録されているようなものだったけど、僕にとってそれは、まさしくストライカーの教科書だった。

もう一つ、インザーギのプレーを見ていて気がついたことがある。それは身体からにじみ出るかのような、強烈なまでのエゴイズムだ。

インザーギはピッチで、絶対に自分が点を取る、決めるというオーラを放っていた。同じストライカーとしてプレーする自分にとって、そのメンタリティーは必要不可欠であるように感じた。

また、その姿勢がとても美しいとも思ったのだ。

ゴール前でラストパスを引き出す動きをしたインザーギは、パスがずれたり、意図しないところへ展開されたりすると、両手を前に広げ、「ここに出せ」というジェスチャーをする。だが、それはあくまで自分のアクションありきの要求で、ゴールへの最短距離を意識するがゆえのアピールだった。

エゴイズムといえば、同じACミランでも活躍した、スウェーデン代表FWズラタン・イブラヒモビッチ（現・パリSG）も有名だが、彼とは少し異なるように思う。

どちらかというと、イブラヒモビッチは自分がいる位置にパスを要求する。それが少しでもずれると無理には取りに行かず、まるで周囲のミスであるかのような態度をする。彼はあくまでパスを受けてから自分がどう動くかを考えていて、失礼だけど、パスをもらうまでの動きに対してはあまり考えていないように見える。

一方、インザーギは、**パスの出し手と受け手の呼吸やコンビネーションに対して、強い要求や訴えをしている。それはチームとしていかにゴールに到達するかを考えた末の行為**なのだ。

エゴイストに綺麗《きれい》も汚いもないけれど、だからインザーギが醸し出すエゴイズムはどこか美しく見えたのかもしれない。

ずしりと響いた、中村俊輔選手からのアドバイス

２００７年に行われた日本代表の欧州遠征のときのことだ。

翌年にユーロ２００８を控えた開催国のオーストリア、スイスと対戦する日本代表メンバーに、自分も招集された。その遠征の最中にオーストリアで地元のクラブチームと練習試合を行った。練習試合ではハットトリックをしたが、その試合後、俊さん（中村俊輔／横浜Ｆ・マリノス）に呼び止められ、こう言われた。

「お前は動き出すタイミングをパスの出し手に合わせすぎている。もっと自分の動きたいタイミングで動き出していい。ＦＷからプレーを発信するんだ」

俊さんは当時、スコットランドのセルティックに所属していて、前年にＵＥＦＡチャンピオンズリーグでマンチェスター・ユナイテッドと対戦するなど、世界のトップで戦っていた。世界を知る俊さんの言葉は僕の心にずしりと響いた。俊さんは言葉を続けた。

「オレの動きを見てからお前が動いていたのでは、もっとレベルの高い相手と対戦したときには読まれてしまうし、止められてしまう。だから、ヒサがほしいタイミングで動き出してくれ

ていい。そこにオレがパスを通すから」

それはお互いにとって途轍《とてつ》もなく高い要求だった。

ストライカーである僕はパスの出し手である俊さんを意識せずに、自らの意思でゴールに直結する動きをすればいい。だが裏を返せば、それだけ自分の状況判断と責任が問われることにもなる。

一方、パサーとなる俊さんは、ストライカーの動きに合わせなければならないだけでなく、自分が出したいところではなく、FWの望むところに出す緻密《ちみつ》さが求められる。パスの受け手にとっても出し手にとっても、互いの動きを理解し、信頼し合わなければ成立させることができない難易度の高いプレーだ。

しかし、**ワールドクラスのDFの網を抜け、ゴールを奪うには、感じてから動いていたのでは遅い。**まさに世界を強く意識させてくれる要求だった。

欧州遠征ではスイス戦の後半42分に途中出場しただけで、わずかな出場機会に終わってしまったが、俊さんからのアドバイスを聞けただけでも大きな収穫だった。

サンフレッチェ広島に戻ると、すぐにこの話をトシ（青山敏弘）にした。それは、彼ならこの高い要求に応えてくれると考えたからだ。

トシと初めて一緒にプレーしたのは、僕が広島に加入した2005年のキャンプだった。ゲーム形式の練習で同じチームになったのだ。お互いプレーするのは初めてだったにもかかわらず、絶妙なタイミングで彼から僕に縦パスが通った。そのときのフィーリングというか、感触は今でも忘れられない。だから、彼なら自分の動きを引き出してくれるのではないかと思っていた。

しかし、その後、トシは前十字靭帯《じんたい》を断裂するなどケガが多く、一緒に練習する機会は限られてしまう。

次に一緒にプレーできたのは２００６年に入ってからだった。小野剛さんが辞任し、ミハイロ・ペトロヴィッチ監督が就任すると、トシはボランチで出場機会を得るようになった。だが、そのときは先発の座をようやくつかんだこともあったのか、初めての練習のときに感じた、チャレンジするような、積極的なパスを狙う姿勢はなくなっていた。

僕も若いころはなかなか試合に出られなかったので、ミスをして評価を下げたくないというトシの気持ちは十二分に理解できる。

でも、トライしなければ、試合には勝てない。だから、僕はトシにもっとチャレンジするパスを出すようにアドバイスするようになった。年下ということもあり、半ば無理矢理に、強引に要求し続けた。

次第にトシは積極的なプレーを見せるようになったが、さらに彼が成長すれば、チームも、そして自分自身もワンランク上へと引き上げてもらえるに違いない。

だから、俊さんの話をトシにした。そして「オレはパスがほしいタイミングで動き出すから、それを感じ取ってパスを出してほしい」と伝えた。

それから、セオリーならばボールを受けて前を見ないようなタイミングでも、少しでも可能性があるならば、前を向くことに挑戦してほしいと話した。スペースが限られていても、トライすることでゴールが生まれる可能性は高くなる。

他にもトシには、「(中村)憲剛くん（川崎フロンターレ）のプレーを見て研究してほしい」とも言った。

日本代表で一緒にプレーしたときに、僕がトシに求めていたパスをいくつも供給してもらっていたからだ。だから、トシにも憲剛くんがどういうタイミングでルックアップしているか、ボールを受ける前にどこでスペースを把握しているかを見てほしいと頼んだ。

最初はお互いにミスもあったが、練習で何度も繰り返しトライすることで、次第に思い描くイメージが共有できるようになっていった。

２００９年4月18日、Ｊ１第6節のアルビレックス新潟戦の前半15分に決めたゴールは、自分でいうのも何だがすごかった。

自陣後方でトシがパスを受けたとき、僕はすかさずゴール前へと動き出した。トシは前を向くと同時に、僕の動きを察知した。そして、ゴール前に浮き球のロングボールを供給したのだ。それも僕が走り込み、フィニッシュできるところで、真上に弾むようなパスを出してくれた。僕はバウンドしたボールが再び落下してくるところを左足で捉え、ゴール右スミにシュートを決めた。まさに一本の縦パスで、それも僕の動きにトシが応えてくれたことによって生まれたゴールだった。

最近でいえば、優勝を決める前のホームゲーム、２０１２年11月7日のコンサドーレ札幌戦で決めたゴールもそうだった。

前半31分、ピッチ中央付近でトシがパスを受ける。彼がターンをしようかというとき、右サイドにいた僕は、ピッチを横断するように斜めにゴール前へと走り出した。僕がゴール左へ走ったのは、そこにスペースがあったからだ。トシからの縦パスが通れば、確実に得点につながる。おそらく彼ならばそれを感じてくれるはず。だから、僕はトシからのパスを引き出すため、先にアクションを起こした。

予想どおり、前を向いたトシからロングパスが出る。ワンバウンドしたボールはＤＦの足元を抜けるとスペースへと転がった。そこはまさに僕が走り込んだ場所だった。あとは弾むボールに合わせて、ゴール左スミを狙って、左足を思いっ切り振り抜けばいいだけだった。

トシは間違いなくゴールに直結するパスを出せる選手へと成長している。

今はまだヤットさん（遠藤保仁／ガンバ大阪）や俊さん、憲剛くんのように1本で局面を打開するようなラストパスを出す回数は少ないかもしれないが、間違いなく彼らの領域に達することのできる成長曲線を辿《たど》っている。

以前は積極的なパスが少しずれたときに、そのチャレンジ精神を称えて、僕は親指を立てる「ＯＫサイン」を送っていたが、今ではそれと同じくらい、僕が両手を合わせて「ごめん」と謝る機会も多くなってきた。それは悔しいかな、彼のイメージに僕がついていけないときが増えてきた証拠でもある。

ゴールというプレッシャーに打ち勝つ

サッカーのポジションには、ＧＫ、ＤＦ、ＭＦ、ＦＷがあるが、ＦＷは最も「数字」が重要視されるポジションといっていい。

僕がサッカーを始めてからの20年ちょっとの間でも、ＦＷの役割は大きく変化している。前線からの守備をより求められるようになり、そのぶん運動量も増えた。だが、いくら守備を頑張ったところで、それを評価してくれることは滅多にない。

ＦＷは常にゴールというプレッシャーと戦い続けているのだ。

2005年シーズン、ベガルタ仙台からサンフレッチェ広島に完全移籍した僕には、約1億6000万円という移籍金が発生した。

J2でプレーする選手に対して億を超える移籍金は、Jリーグでは破格だ。前年にベガルタ仙台で20得点を挙げたとはいえ、それはJ2での話。その時点で、J1ではまだ通算11得点しか決めていない。サンフレッチェ広島は、そんな僕にそれだけの金額をかけてくれたのだ。

当時23歳の自分に、この金額は重くのしかかった。元来、周囲の評価はあまり気にせずプレーできるタイプだが、このときばかりは、小さなことまで気になった。

チームメイトはどう思っているのだろう。同世代の選手たちはもしかしたら面白くないのではないか。僕を獲得するくらいなら、自分たちの年俸を上げてほしいと思っているのではないだろうか。

サポーターやメディアは、1億6000万円の価値があるのか、ないのかを見極めようとしているはずだ。少しでも結果が出なければ、そこまでの価値はなかったとサポーターから思われ、メディアに叩かれるかもしれない。周囲が僕自身をどう見ているのか、とにかく気になってしまったのだ。

特に僕が加入したころのサンフレッチェ広島は、今のように試合後にサポーターの前で勝利の喜びを報告する〝劇場〟をやるようなキャラクターの選手もいなかった。練習中に、冗談で

「1億6000万円分、働けよ」「1億6000万円の移籍金で来たんだから、しっかりやれよ」と笑いのネタにしてくれれば、少しは気持ちも楽になったかもしれないが、誰も移籍金について触れてこなかったので、彼らの内心が気になってしまった。

しかも、開幕からなかなかゴールという結果が出せず、さらに僕は焦りを覚えた。

3トップの左サイドでプレーしたが、チームメイトとのコンビネーションも手探りならば、4-3-3システムにも慣れず、自分の持ち味を発揮できずにいたのだ。

第6節を終えた時点で無得点。一度は、ケガの影響もありメンバーから外れたこともあった。皮肉なことに、チームは、その後復調の兆しを見せる。

ホームにアルビレックス新潟を迎える第9節は、よくて途中出場、先発出場することはまずないだろうと考えていた。しかし、小野剛監督は、ここまで3得点の茂木弘人（現・ヴィッセル神戸）を外して、無得点の僕を先発で起用してくれた。

ここで結果を残さなければ、自分を起用してくれた監督にも批判が集まる。僕は覚悟して試合に臨んだ。

前半終了間際の44分だった。同世代のコマ（駒野友一／現・ジュビロ磐田）が右サイドから上げた絶妙なクロスに合わせ、ゴールが決まった。それも利き足の左ではなく右足だった。

チームメイトが僕のもとへ駆け寄り祝福してくれた。その瞬間、みんなが僕の苦しみを分かってくれていたことを知った。これで一気にプレッシャーから解放された僕は、後半20分にもこの試合、2得点目となるゴールを決めた。

シーズン後半は自分で言うのもなんだが爆発した。2回のハットトリックを含む、17試合で14得点を挙げ、合計18得点を記録した。

結果を出し続けることで感じたのは、自分の変化ではなく周囲の変化だった。

加入当初は、ボールを持った選手はまずセンターフォワードのガウボンや他の選手を見ていたが、得点を重ねていくことで、みんながボールを持つと、まず自分を見てくれているようになったのだ。

そうなったのも、やはり結果を出したからだ。ストライカーは結果を出せば、サポーターやメディアだけでなく、チームメイトにも信頼されていく。

だからこそ、ピッチにいる誰よりもゴールに対して貪欲でなければならない。FWは最後のところ、フィニッシュを常に考えてプレーできるかどうか。誰よりも自分がゴールを決めるという強い気持ちを持つことが重要なのだ。結果を出すことで、周囲との関係性や自分の未来をも切り開けるのだから。

得点王につながった、コンディション維持の秘訣《ひけつ》

2012年、森保（一）さんが監督になり、サンフレッチェ広島は新体制で新シーズンのスタートを切った。僕も気がつけば30歳になり、チームでも年齢的に上から数えたほうが早くなっていた。

シーズンが開幕して間もない試合翌日のこと。リカバリートレーニングが終わり、グラウンドから引き上げようとしていると森保さんに呼び止められた。森保さんは日本代表でともに戦った福田正博さんから聞いたという話を僕にしてくれた。

「気持ちは分かるけど、年齢を考えれば、必ずしも90分間プレーすることにこだわらなくてもいいのではないか。それよりも大事なのは、毎試合、常にいい状態で試合に入っていくことだと思うんだ」

福田さんは子供のころに憧れた日本代表選手でもあり、36歳まで現役を続けた尊敬するストライカーでもあった。だから、余計に僕は興味を持ち、森保監督の言葉に耳を傾けた。

「福田さんも最初は、途中交代することに対しては選手として葛藤があったらしい。年齢を重ねたとしても選手であれば90分間フルで試合に出たいという気持ちを持ち続けることは当たり

前だからね。それにFWだから、ゴールという結果を出すために最後までプレーしてチャンスを生かしたいという気持ちもあるだろう。でも、途中交代するようになってから、常にいいコンディションで試合に臨めるようになったらしい」

毎試合、90分間を戦って疲労が蓄積した状態でプレーするよりも、たかが10分、15分かもしれないが、休むことで、次の試合にいい状態で試合に臨めるようになるという。

もちろん途中交代は僕自身が判断することでもなく、監督が決めることでもある。森保さんは僕が90分間プレーしたいという気持ちを知った上で、あえてアドバイスしてくれたのだ。

だから僕は、森保監督に「森保さんの判断に任せます」と告げた。

そして2012年シーズンは、それまでと比較しても途中交代する機会は増えた。

第4節のFC東京戦では1対0という状況でベンチに退くのは苦しかった。1点差では、まだ勝敗は決まったとは言えない。それでも僕は後半39分に途中交代した。

第8節の川崎フロンターレ戦でも、後半33分に2得点目を挙げたが、スコアが開いていたこともあり、交代した。その試合も含めて、2012年シーズンは何度か2得点を挙げてハットトリックを達成するチャンスがあったが、コンディションを優先して途中交代した。

その後はチームが優勝争いをしていたこともあり、途中交代は減ったが、途中交代して10分や15分でも休むことで、疲労も軽減できたし、ケガも避けられた。そして、何より自分のコンディションを常に最高の状態に保つことができた。夏場まではカップ戦も重なり連戦が続く。数分間休むだけで、常にいい状態で練習にも臨めていた。充実した練習は、充実した試合へとつながっていく。そして、何よりも「少し物足りなさ」を感じることで、「もっと試合をやりたい」という意欲にもかられる。だから毎試合、毎試合新鮮な気持ちで臨めた。

2012年、自己最高となるリーグ戦22得点を挙げ、初のJ1得点王に輝くことができたのは、かつて日本代表を背負った先輩の経験と、指揮官の助言があったからこそだ。

自分を成長させてくれた恩師との出会い

今まで多くの指導者に出会い、僕はここまで成長できた。

U-19日本代表に招集されたときのコーチであり、サンフレッチェ広島では監督として再会した小野剛さんには、技術、精神、姿勢と、プロのサッカー選手として生き抜くために必要な多くのことを教えてもらった。

その温厚な小野さんにもU-19日本代表のときに一度だけ怒られたことがある。

あれはワールドユース選手権出場を目指して地区予選を戦っているときのことだった。対戦相手はグアムをはじめ、決して強豪とはいえないチームばかりだった。

相手との実力差もあり、招集されたFWの選手たちは、いずれも一度は先発で出場するチャンスを与えられていた。それなのに、なぜか自分だけがすべて途中出場。一度も先発でプレーする機会を与えてもらえなかった。

まだ若く、血気盛んだった僕は、平等にチャンスを与えてもらえなかったことに不満を露《あら》わにし、試合終了後にコーチを務めていた小野さんと、監督の西村昭宏さんが差し伸べてきた握手を拒否してしまった。

すると、小野さんはすぐに僕を呼びつけて怒った。

「お前が不満に思っていることは分かるけど、サッカーは11人だけでやるスポーツじゃない。途中から入って流れを変えられる選手もいれば、途中から入って試合を決める選手もいる。もしくは、試合を終わらせる、落ち着かせる役割を担う選手もいる。決して先発する11人だけで試合をやっているわけじゃない。スタートから出ようと、途中から出ようと、それぞれ重要な役割を担っているんだ。それをしっかり認識してプレーしろ」

怒るというよりも、諭すような口調だったが、サンフレッチェ広島時代も含めて、小野さんにあんなに怒られたのは、これが最初で最後だったのではないだろうか。

若いころは精神的にも幼く、どうしても、自分が、自分がという気持ちが強くなりがちだった。特に育成年代とはいえ、日本代表ではチャンスをつかみたいという思いが自然と強くなりがちだった。そんな僕に、小野さんはチームスポーツの重要性を説くとともに、自分だけでなく、チームのためにプレーするという意識を教えてくれた。

他にも小野さんには、オフザボール、すなわちボールのないところでの動きを指導してもらった。

さらに「サッカー選手は24時間、自分をデザインしなさい」という言葉を常に投げかけられた。

その言葉の意味は、「サッカー選手としてありたい姿」を常にイメージし、それに近づけるために、試合や練習をしていない時間をいかに過ごすかが大事だ、というプロの姿勢を問うものだった。

それと同じく大きな出会いとなったのは、サンフレッチェ広島で小野さんの後任としてチームを指揮することになったミハイロ・ペトロヴィッチ監督だった。

ヨーロッパでの指導経験も豊富なペトロヴィッチ監督は、たくさんの引き出しを持っている。中でも、ずっと2トップでプレーしてきた自分にとって、1トップのシステムを経験できたことは大きかった。

2008年4月29日のJ2第10節、徳島ヴォルティス戦。

アウェイ2連戦だった僕らは、第9節でロアッソ熊本との試合を終え、広島に戻らず、四国に移動していた。

その合間の練習でペトロヴィッチ監督は急遽、システムを変更した。

それまでの3-5-2から3-6-1にしたのだ。3バックは変わらなかったが、それまで1人だったボランチは、カズ（森﨑和幸）とトシ（青山敏弘）のダブルボランチになった。

それに伴い前線は1トップ2シャドーになり、僕が1トップを務め、2列目のシャドーには、コウジ（森﨑浩司）と（髙萩）洋次郎が起用された。

その徳島ヴォルティス戦こそが、まさに今のサンフレッチェ広島が生まれる原点になった試合だ。監督がこの試合でシステム変更した真意は分からないが、おそらく中盤に優秀な選手が多くいたことも、要因の一つだろう。

突然1トップで起用された僕は、最初は不安だったが、結局その試合は、多くのチームメイトがそのシーズンのベストゲームに挙げるほどの快勝だった。

僕は2得点を挙げ、4-1というスコア以上に内容でも相手を圧倒した。

しかし、僕はまだ半信半疑だった。

「自分に1トップが務まるのだろうか」

2トップは自分とコンビを組む選手との特長や役割によって、プレースタイルが変わってくる。

自分のように高さがなく、スピードを武器としている選手の場合、必然的にコンビを組む選手は、ボールを足元で収められる、ポストプレーができる選手が多くなる。ベガルタ仙台時代で言えば、マルコスであり、山下芳輝さん。サンフレッチェ広島で言えば、ガウボンや2列目になるけど（髙萩）洋次郎がそうだ。

だが1トップは、ポストプレーでくさびとなるだけでなく、何よりフィニッシャーとしても機能しなければならない。正直、戸惑いがあった。

ペトロヴィッチ監督には、自分に何を求めているのかを聞きに行き、何度も、何度も相談した。監督から言われていたのは次のような役割だった。

「相手にとって一番危険なところを狙う動きを、最前線でしてくれればいい」

「1トップだからといって、一度、足元でボールを受けて起点になることが、優先順位の一つ目ではない」

監督から要求されたのは、まずは相手にとって一番危険となるスペースに動き、味方のパスを引き出すこと。それができなかった場合は足元でボールを受けて、起点となってくれればいいということだった。

もしペトロヴィッチ監督から、「とにかく足元で受けて起点になってくれ」と言われていたら、DFの背後を狙う動きをはじめ、自分の特長であるスピードは消えてしまっていたかもしれない。だから、ペトロヴィッチ監督には、細かいところまで確認し、自分が求められている役割を整理していった。

1トップを確立させた、ペトロヴィッチ監督の言葉

ペトロヴィッチ監督は、少しずつ、少しずつ、僕への要求を増やしていった。一つできるようになったら、また次。まるで宿題を渡されるように、次から次へと新たな課題を渡された。もし、最初からすべてのことを要求されていたら、きっとパニックになっていただろう（笑）。それくらいペトロヴィッチ監督から求められた役割は、細かく、そしてレベルが高かった。

例えば、最前線から引いてきて受ける場合。ポジショニングはもちろん、ボールを受けた後にさらに自分がリターンパスを受ける動きも求められた。

足元でパスを受けてポストプレーがしっかりできるようになると、ペトロヴィッチ監督は次のステップとして、僕にその状況で前を向くことを求めてきた。すぐに前を向くことで、一つ早いタイミングで攻撃のスイッチを入れることができる。ゴールに背を向けた状態で、トシ（青山敏弘）からのパスを受けて反転してフィニッシュする形は、ペトロヴィッチ体制終盤に築き上げたものだ。

ペトロヴィッチ監督の練習は、日々、ハードに、そしてレベルアップしていった。その中に、3対3でボールタッチはすべてダイレクトで行うというものがあった。ダイレクトでパス交換するためには、パスの精度だけでなく、スペースを作る動きも含めて考えなければならない。その練習を繰り返していくことで、今のサンフレッチェ広島のサッカーは徐々に築き上げられていった。

他にも3対2で攻撃側が数的有利の状況での練習もあった。攻撃側が足元でボールを受けたとき、守備側は数的不利のため、タイトにプレスを掛けてこない状況にある。3対3ではなかなか簡単に前を向けないが、守備の人数が少なければ、前を向けるチャンスは増える。そうすることで前を向き、チャレンジする習慣を僕らに植え付けていった。

さらに**相手のDFに対しては、「背中で感じろ」とも言われた。**監督が意図的にそうした状況を作り出し、繰り返すことで、チームは段階を踏んでレベルアップしていった。

僕自身もポストプレーを求められていたが、相手DFよりも身体は小さく、リーチも短い中で、どうすればボールを受けられるかを考えるようになった。

後ろから突かれたら、簡単にボールを失ってしまう。そうなれば、チームメイトがせっかくの思いで前線まで運んできた攻撃も止まってしまう。それならば、ダイレクトでパスをつなぐ、さらにはパスを受けるときにはDFが届かないところに動けばいい。そうやって考え、工夫することで、自分の身体的ハンデを克服し、少しずつ形にすることができていった。

最初は僕自身もチームも思うようにプレーできず、自分自身に苛立《いらだ》つこともあった。そんなとき、ペトロヴィッチさんは決まってこう言ってくれた。

「我慢しろ」

1トップだと、チームとしてうまく前線までボールを運べない場合、ボールに触る回数は極端に激減する。自分がそれに苛立ち、必要以上に中盤まで下がる、もしくはサイドに流れてしまえば、それこそ相手の思うつぼであり、相手にとって守りやすい状況になる。

仮に僕が中盤まで下がりボールを受けたとする。プレー的には一見、関わる人数が増えているため、効果的にも見えるかもしれないが、守っているDFからしてみたら、中盤でパスを回されていても、自分たちの状況は変わらない。それならば、最終ラインの近くにいて、何度も、何度も、動き直して、DFを上下動させたほうが効果的だ。だから、ペトロヴィッチ監督は僕に「我慢しろ」という言葉を伝え続けた。

ペトロヴィッチ監督には、こんな言葉を投げかけられたことがある。

「このチームはお前のチームだ。もしお前が納得してプレーできないのであれば、私がここを去るまでだ」

2010年のナビスコカップ決勝でのこと。最後までベンチに甘んじた僕は、監督がなぜ僕を起用してくれなかったのか不満に感じていた。もともと喜怒哀楽が表に出てしまいやすいせいもあるのだろうが、監督にはお見通しだったのだ。

僕はチームを束ねる監督にそこまで言わせてしまったこと、そして、自分自身の立場を改めて理解させられ、自分を省みた。

ただ僕にとって、すべてを飲み込み、我慢するのは性に合っていない。

仮に**不満があったり、納得できないことがあったとして、それを伝えることで解決できるのであれば、話し合ったほうがいい**と考えている。当然、「今は言うべきときではない」と判断して飲み込むときもあるけれど、タイミングを見計らって伝えることで解決できることもあると思うのだ。

もし、ペトロヴィッチ監督に出会わずに、ずっと2トップでプレーしていたら僕の成長は止まっていたかもしれない。チームが採用するシステムの中で、1トップというスタイルを確立させるために、日々、いろいろと考えてプレーしていくことで僕はさらに成長することができた。ペトロヴィッチ監督が次から次へと宿題を授けてくれ、まるでドリルのようにそれを解き、身につけていくことで、僕はプレーの幅が広がった。

ペトロヴィッチ監督だけでなく、小野さん、出会ったすべての指導者が課題を提示し、それをクリアしていくことで僕はここまでやってくることができた。僕をさらなる高みへと導いてくれたすべての指導者に感謝している。

1トップ2シャドーの真髄とは何か

ペトロヴィッチ監督が指揮を執った5年半の間には、J2降格という憂き目にもあったが、時間が経つに連れて、そのサッカーが浸透し、今のサンフレッチェ広島のサッカーは作り上げられていった。

そのシステムは1トップ2シャドーも特長の一つではあるが、両ウイングバックのポジションがときに3トップともいえるほど高い位置を取るのが、生命線でもある。それはペトロヴィッチ監督が植え付けたものだ。

両ウイングバックが高いポジションにいることで、攻撃に移ったときには迫力があり、相手ゴールまで押し込むことができる。攻撃時はリスクを負って攻める。なおかつ両ウイングバックは守備時には3バックの位置まで下がり、5バックのようになることで、相手が攻撃するスペースを消す役目を担っている。また、そこから自陣でボールを奪えば、ショートカウンターで素早く攻撃を仕掛けることもできる。攻撃時は最前線まで、守備時は最後尾まで、両ウイングバックがカバーするエリアは広く、その役割は11人の中でも最も大きい。彼らの運動量はまさにチームの生命線であり、チームの肝といえるだろう。

1トップを担う僕の役目は前の項で触れたとおりだが、サンフレッチェ広島が掲げるサッカーの最大のストロングポイントとなるのが、**後方からビルドアップしているときに攻撃のスイッチとなる縦パス**だ。2シャドーとの関係性でいえば、僕ら3人は、その縦パスを引き出すという重要な役割を担っている。僕も1トップを務めるようになってからポストプレーにトライしてきたが、2シャドーも含め、**くさびを入れる選択肢が3つあることが、攻撃時の強み**でもある。

また、今は一般的なサッカー用語として浸透しつつある「フリック」。これを最初にJリーグでやったのも自分たちだと自負している。

例えば、中央でくさびとなるパスを受けてもすぐに前を向けなければ、ボールをそれ以上、前に運ぶことは難しい。選択肢としてはもう一度、後ろに戻すか、サイドに展開するのがセオリーだ。だが、1トップの僕がくさびを受けたときに、ダイレクトで前方のスペースへパスを出し、そこに走り込んでくる2シャドーにつなげる。それにより、自分がくさびを受けた位置よりも前にボールを運ぶことができるのだ。

相手が作った守備ブロックを崩すのは容易ではない。しかし、相手の想像を超えるタイミングでダイレクトパスをつなぐ「フリック」を行うことで、相手のマークを一つずらすことができるのだ。一つマークをずらせば、相手は後手に回る。引いて守る相手、もしくはゴール前を固めてくる相手を崩すのに、この「フリック」は効果的だ。ただし、このプレーは、パスの出し手と受け手の意思疎通が熟練していなければうまくいかない。

2シャドーの役割も両ウイングバックと同じく多い。守備時は、中盤の選手として相手のボランチを見つつ、相手のサイドバックがボールを持ったときは、3トップのウイングのように、そこへもプレスを掛けなければならない。ボールを受けたときに攻撃のスイッチを入れるのも2シャドーの役割だ。

2シャドーは、起用される選手のタイプによってスタイルが変わる。（髙萩）洋次郎のように司令塔タイプの選手の場合は、タメも作れるし、ゲームメイクも担ってくれるため、中央を突破する攻撃のバリエーションは増える。コウジ（森﨑浩司）のようにセカンドアタッカータイプの選手が起用されれば、バイタルエリア（DFラインとMFの間のスペース）でのパスの受け手は僕だけでなくなり、選択肢が増える。ナオキ（石原直樹）や以前であればチュン（李忠成／現・FC東京）のようなストライカーも2シャドーでプレーする。2シャドーを務める選手の個性やスタイルによって、攻撃の形は変化していく。

森保（一）監督になってからも、攻撃はペトロヴィッチ前監督が築いた伝統を継承しているが、守備においては大きく変わった。最大の変化は、相手のボールホルダーに対して、誰が対応するのか、そしてどこで奪いに行くのかがチームとして意思統一されたことだ。

例えば相手に押し込まれているとき。守備陣が全体をコンパクトに保ち、引いて守ろうとしているのに、攻撃陣は積極的にプレスを掛け、前からボールを奪いにいこうと考えていたとする。これでは、前と後ろで動きはバラバラになり、中盤にスペースができてしまう。

それが、今はFWである自分に対してもしっかり後ろから声が掛かり、チームとしての守り方が統一されているので、相手からボールを奪取するタイミングを、強く意識することができる。

また、90分間を通したゲームプランもできるようになった。

相手が前半から運動量豊富に、前線からアグレッシブに来ていて押し込まれているときは、今はしのぐとき、耐えるときと考えて、ボールを回す回数を増やして相手の体力を奪っていく。後半に入り、相手の運動量が落ちれば、必然的にスペースが生まれる。そこで攻撃のスイッチを入れていく。選手個々が各々に判断していれば、無駄な体力を消耗し、また選手間のポジショニングや姿勢もちぐはぐになり、そのスキを突かれ、まるで糸がほつれるように失点につながってしまう。

どうやって守り、どこでボールを奪うのか。また、今はどういう状況で、打開するために何をしなければならないのか。それをチームとして共通認識する。これは守備から攻撃に移るためのステップでもある。

とはいえ、サンフレッチェ広島のサッカーは、選手個々がそのサッカーを理解し、またコンビネーションを生かすために一人ひとりの特長を理解しなければ成立しない。完成するのには時間を要する。それだけに一人メンバーが変わるだけで、大きな影響が出てしまう。

育成型の地方クラブというサンフレッチェ広島の宿命でもあるが、2009年に（柏木）陽介（現・浦和レッズ）、2010年にはマキ（槙野智章／現・浦和レッズ）が移籍したように、毎年のように主力が抜けていくため、再び築いていかなければならない部分も多いのだ。

もし移籍していった選手たちが全員チームに残っていたら、それこそすごいチームができあがっていたに違いないと思うこともある。前監督時代から数え、このサッカーも8年目を迎える。そろそろ、そういう生みの苦しみからは卒業したいところだ。

「判断力」の成長には終わりがない

実は、子供のころからずっと練習がそれほど好きではなかった。でも、ここ3、4年、練習が楽しくて仕方がない。それは練習をすればするだけ、やればやるだけ、試合中の選択肢が広がっていくことを知ったからだ。

日本屈指のテクニシャンである俊さん（中村俊輔）ですら、未だに毎日のようにフリーキックの練習をするという。それは単純に感覚を忘れないためのものではなく、さらにうまくなろうという向上心から来ているのではないか。

自分はもう伸びないと思った時点で、成長は止まってしまう。重要なのは、成長へのモチベーションをどれだけ持てるか。もう伸びないと思ってやるのと、まだまだ伸びると思ってやるのとでは、絶対に伸びしろは違ってくる。

確かに、「止めて蹴る」という基礎の部分はそれほど成長しないのかもしれない。

でも「判断力」は違う。経験を積めば積むほど研ぎ澄まされ、頭の中で整理されていく。たとえ技術があっても、判断力がなければ、試合に生かすことはできない。判断が遅ければ、相手に寄せられてしまうだろうし、スペースを消されてしまう。それが経験を積み、プレーの引き出しが増えれば増えるほど、自分が身につけてきた技術を生かせることができるのだ。

いつも練習後、車で家に帰る道中にその日の練習を振り返り、「次、同じ場面があったら、こうしてみよう」と思考を巡らせている。

小学校のときに初めてボールを蹴り始めてから、今日まで、数え切れないほどの練習と試合をしてきた。そのいろいろな場面が、自分の頭の中に、まるでデータベースのように蓄積されている。すると、プレー中に「あっ、なんか前に似たような場面があった」「前はこういう判断をして失敗したから、今回はこうしよう」と咄嗟《とっさ》に思える。

練習からそうした場面に出くわすので、面白く、そして楽しくて仕方がないのだ。新たな判断をして成功すれば、さらに引き出しは増えていく。そして、それを試合という本番で実践することができるようになる。

すべてのプレーは経験の蓄積からなる。若手のころは漠然と考えていたが、最近、それがよく分かる。普段の練習からも発見が多く、次から次へとイメージやアイデアが湧いてくる。一つのプレーに対しても引き出しや選択肢は無数にある。こんなプレーも、あんなプレーもできるのではないか。そう思えるから、練習が楽しくてたまらない。

すべてのゴールは計算されている

僕はすべてのゴールを言葉にして説明することができる。それは、**すべてのゴールに、そこに至るまでの明確な過程と理由があるから**だ。

もし、仮にシュートを打つときに何も考えずに打っている選手がいるとすれば、その選手はいずれプロでは通用しなくなるだろう。そのときはゴールを奪えているかもしれないが、いずれ行き詰まるはずだ。

どんなストライカーであっても、1点を奪うために、ときには2本、3本、ときには5本以上のシュートを打つ。一つのシュートに対してどれだけ修正できるかで、次のシュートを結果に結びつけられるかどうかが決まる。

だからこそ、シュートには1本、1本、理由があり、ストライカーはそれを説明できなければいけない。これは僕のストライカーにおける最大の定義である。

一般的に「ごっつぁんゴール」と呼ばれる得点ですら、説明は可能だ。

こぼれ球を押し込んだだけに見えるかもしれないが、ボールが転がってくる場所を予測して、動いていなければ、そこにいることはできない。

チームメイトがシュートを打った瞬間、もしくはシュートを打つ前から、「ここにこぼれてくるかもしれない」と考え、動く。準備しているからこそ、詰めることができる。

だから、こぼれ球に詰めてゴールを決めた試合後に「ラッキーでしたね」と言われても、完全には同意できない。僕には明確なイメージを持ち、準備をしていたという自負があるからだ。

そういう意味では、「ゴールへの嗅覚」という表現は間違っているのかもしれない。それは「感覚」ではなく、「思考」のなせる業なのだ。

2012年シーズンは34試合に出場して22得点を決め、初めてJ1得点王になることができた。その22得点すべてが偶然生まれたものではなく、考え、準備し、そして動いたからこそ生まれたゴールである。

自分は決して体格に恵まれているわけではない。その身体的ハンデを克服するために、幼いころから自分の武器を身につけ、磨いてきた。また、自分の武器を生かすためにチームメイトに要求し、特長を理解してもらってきた。考えに考え、そしてここまで自分を磨くことができた。そのすべてはゴールを決めるためにあり、チームが勝利するためにある。

それができるのも、すべてはチームメイトのおかげだ。Ｊリーグアウォーズで得点王を受賞したときに話したスピーチは、その感謝の気持ちを示したものである。だから、ここでもう一度、その言葉を記して、この章を締めたいと思う。

「僕自身、今シーズン22ゴールを決めることができました。しかし、自分自身の力だけで取ったゴールはほとんどありません。僕がゴールを決めるときにはＧＫとＤＦの選手が相手からボールを奪い、ＭＦの選手がそのボールを前に運んでくれています。

僕はストライカーとしてゴールネットを揺らすという最後の仕事を担っているだけで、得点王を取ることができたのは、すべてチームメイトの皆さんのおかげです。僕自身、こうやってゴールデンブーツをいただいていますが、これはチームメイトみんなで取った賞だと思っています。素晴らしいチームメイトと素晴らしいシーズンを送れたことを感謝しています。みんな、ありがとう」

第2章

兄・勇人、仲間、そしてライバルたち

永遠のライバルは、双子の兄・勇人

2012年のJリーグアウォーズで僕は最優秀選手賞に選ばれた。そのときのスピーチでは、チームメイトや監督をはじめとするコーチングスタッフ、さらに応援してくれたサポーターのみんなに感謝の言葉を述べた後、兄である勇人との話をした。

前もって準備していたわけではない。周囲からは絶対に最優秀選手に選ばれると言われていたけれど、期待しすぎて選ばれなかったら恥ずかしいので、そのことはあまり考えないようにしていたからだ。

壇上に立ったとき、ほんのわずかな時間だったけれど今までのキャリアがフラッシュバックした。支えてくれた家族、チームメイト、指導者、そしてサポーター。頭に浮かんできたことをそのまま言葉にした。

その中でも特に思い起こされたのが双子の兄・勇人だった。

双子である僕らは、3歳のときに両親からサッカーボールを一つプレゼントされ、二人でボールを蹴り始めた。

小学校に入り、春日部の大増サンライズFCで本格的にサッカーを始めたときも、勇人と一緒だった。勇人はずっといいライバルであり、よき理解者でもあった。

初めての挫折も勇人が経験させてくれた。小学校6年生のとき、春日部市の選抜チームが組まれることになった。市内の各クラブから2選手ずつが選ばれるという。

小学4年生のときには6年生の試合に出場するようになっていた自分は、当然そのメンバーに選ばれると思っていた。しかし選ばれたのは、僕ではなく、勇人ともう一人の選手だった。

それは子供ながらに大きな挫折だった。悔しくて、すごく納得がいかなかったのを覚えている。両親に連れられて勇人の応援に行っても、全く面白くなかった。勇人には悪いけど、結果なんてどうでもよかった。

ジェフユナイテッド市原のジュニアユースに入るときは逆だった。

小学6年生の夏に二人でセレクションを受けたのだが、合格したのは僕だけだった。

中学生になり、春日部から八千代に引っ越すと、当時、浦安にあったジェフユナイテッド市原の練習場に僕一人で通うようになった。その間、勇人は、玉田圭司さん（名古屋グランパス）や福田健二さんを輩出した市川カネヅカというクラブチームでサッカーをしていた。

その後、ジェフからもう一度、プレーを見たいと言われ、勇人は遅れてジェフユナイテッド市原のジュニアユースに加入することになるのだけど、当時の勇人は、僕には想像できないほど、悔しい思いをしていたことだろう。

プロになるまで、ずっと僕らはこの繰り返しだった。

なぜか、二人が同時に輝く機会は少なかった。僕に陽が当たれば勇人は日陰になり、勇人が光れば僕が影になる。いつもどちらかが喜ぶ裏側で、どちらかが悔しい思いをしてきた。ちょうど思春期だったこともあり、そのころ、兄弟としての関係は難しかった。でもいつも一番近くにライバルがいて競い合い、助け合ってきたからこそ、互いにプロのサッカー選手としてプレーできるところまで向上できたと思っている。

初めて挫折を味わったときの父の言葉

兄弟でジェフユナイテッド市原に加入できたのは、思い切った決断をしてくれた両親のおかげでもある。

あるとき父は、テレビでジェフの育成組織のニュースを見て、その指導法に感銘を受けたらしい。そして僕らをジェフのジュニアユースに入れるために、仕事を変えてまで春日部から八千代への引っ越しを決めたのだ。しかも父は、数百人が集まって行われるセレクションでは、僕たちの力をしっかり見極めてもらえないと思ったらしく、つてもないのにクラブに連絡し、特別にテストを受けさせてもらえるように交渉してくれた。

僕も二児の父親になったが、今、子供の将来のためにサッカー選手を辞め、環境も変えられるかといったら、間違いなくそれはできない。大きな決断をしてくれた両親にはいくら感謝を言っても足りない。

やっとの思いで入ったジュニアユースでは、いきなり大きな壁にぶつかった。千葉だけでなく、東京近郊から優秀な選手が集まってきていたチームは、小学生のときとは次元が違った。

当時の僕の身長は140センチくらい。同じFWの選手には、すでに170センチを超える選手もいて、まるで大人と子供のような差があった。当然、フィジカルでは全く勝てない。身体的なハンデもあって、練習試合にすら出られない日々が続いた。

小学生のときはチームの中心としてプレーしていた自分にとって、ジュニアユースで感じたギャップは、衝撃以外の何ものでもなかった。

そして、ある日、家に帰った僕は、父親の顔を見るなり弱音を吐いた。

「サッカーつまらないんだよね」

励ましてくれるだろうと思っていた僕は、父親から返ってきた言葉にハッとさせられた。

「お前はやり切ったのか？」

僕は返事をすることができなかった。それはもちろん、やり切ってなどいなかったからだ。

身体的な差を言い訳にして、現実に目を背け、逃げようとしていた。評価されないのは身長のせいだと考え、周囲に不信感を抱き、自分ができないことを正当化しようとしていた。だけど、そうして逃げているのは自分だということは誰よりも分かっていた。だから僕は父親の言葉に返事ができなかったのだ。

やるからには、全力を出し切ろう。父親の言葉を聞いて、僕は決意を新たにした。それは何も練習だけではない。練習前の準備や練習後の後片付けも含めたすべてに全力を注ごうと考えた。決してアピールするためではなく、すべては自分のために。自分がやり切ったと思えるまでやるからこそ、ダメだったときは納得できるし、悔いも残らない。

諦めることはいつだってできる。できないからといって、すぐに諦めてはいないか。自分は全力でそれに向き合ったのか。父親の一言で僕の意識は変わった。

それ以後、何事にも諦めず、全力を尽くしてきたからこそ、今の自分があると思う。

コミュニケーションの原点は、兄弟ゲンカ

子供のころから身体の小さかった僕がストライカーとして生き残っていくには、周囲との信頼関係を築く必要があった。

世界には個の力だけで得点を決められるストライカーもいるが、僕は決してそうじゃない。

チームメイトの特長を理解し、また自分自身の特長も理解してもらうことで、僕はようやくストライカーとして生きることができる。選手間のコミュニケーションを深めていくことこそが、僕の生命線でもある。

だから、チームメイトと積極的にコミュニケーションを取ることは苦にならない。相手を知れば知るほど、自分を知ってもらえばもらうほど、自分自身がゴールできる可能性は高まっていくのだから。

その原点はおそらく勇人とのやりとりだろう。

小学生のときは、よく試合中から二人で言い合っていた。

「なんで今、出してくれないんだよ」

僕がゴール前でそう叫ぶと、決まって勇人はこう答えた。

「今のタイミングでは出せなかったよ」

その会話は試合後も引きずることになる。子供だから次第にムキになり、口調はエスカレートしていく。

「オレが出せって言ったら、勇人はとにかく出せばいいんだよ」

「そう言っても出せないものは、出せないんだよ！」

グラウンドから帰路に着くまで、この会話は続き、お互いの主張をぶつけ合った。

兄弟だから口調はキツイし、言葉も汚くなる。

それでも、僕がどのタイミングでパスがほしくて、どこにほしいのかを伝えることで、パサーである勇人は次の試合で意識してくれるようになった。お互いのコンビネーションは高まり、いつしか何も言わなくても、走り込めば勇人がパスを供給してくれるようになった。

子供ながらに、要求していくこと、伝えることの重要性を知った経験だった。

勇人との往復書簡

2012年11月23日。兄の勇人は、自分のキャリアを懸けた試合に臨んでいた。

2012年シーズンのJ2を5位で終えたジェフユナイテッド千葉は、J1昇格プレーオフに進出していた。準決勝の横浜FC戦に4対0で勝利し、J1昇格を懸けた決勝戦に進出。舞台は国立競技場、相手は大分トリニータだった。

翌日に、自分は、クラブ史上初となるタイトルを懸けたセレッソ大阪との一戦を控えていた。その試合で優勝を決められる確信はなかったが、勇人のいるジェフがJ1昇格を決め、自分も翌日の試合で優勝を決めて、兄弟そろってお祝いができれば最高だと思っていた。

前日練習を終えた僕は、自宅に戻ると、勇人の一戦を見ようとテレビをつけた。

ジェフは自分の古巣でもある。２０１０年に京都サンガから復帰を果たした勇人が、チームをＪ１に昇格させようともがいてきた姿をずっと見てきただけに、何としてでも、勝ってもらいたかった。祈るような気持ちで、僕はテレビに釘づけになった。

しかし結果は……試合終了間際の後半41分に失点し、ジェフはＪ１昇格を逃した。

その場に倒れ込んでいくジェフの選手たち。テレビ画面を通して、言葉では言い表せないほど、落胆した様子が伝わってくる。勇人はピッチにしゃがみ込み、ずっとうなだれている。

なんて声を掛ければいいのだろう。すぐに連絡する気になれなかった。やっぱり、電話をするのはやめておこう。いや、こんなときだからこそ電話で直接、声を掛けてあげたい。

そう考えているうちに、どんどん時間は過ぎていく。試合前日はホテルに宿泊するため、チームの集合時間も近づいてくる。

迷いに迷った末、僕は勇人に１通のメールを送ることにした。

ユウトは3年間、よく頑張ってるよ。
昇格できなかったのは悔しいと思うけど、再来年、（J1）上がって
上でもっと戦えるようにチームを強くしていかないとね！
ジェフがもっといいクラブになっていけるように♪

オレも明日、勝利を勝ち取るために頑張るよ！
ゆっくり休んで。

返信は期待していなかった。勇人が自分のキャリアを懸けて、あの一戦に挑んでいたことは誰よりも知っている。簡単に気持ちを切り替えられるわけもない。メールを返す気力なんてないだろう。そう考えていた。

ホテルに着くと、Ｊ１優勝を懸けた自分の試合への緊張感が呼び覚まされていった。一人でいつもどおりに過ごそうとしていたが、時おり、プレッシャーが襲ってくる。

そんなとき、携帯電話が鳴った。それは期待していなかった勇人からのメールだった。

力不足で申し訳ない。
何とかクラブが良い方向に行けるように頑張る。
オレにしかできないことかもしれないし。
(明日は) 広島のサポーターとして
応援しているから頑張って！

このときほど、一緒のチームで、近くでプレーしていたらと思ったことはなかった。僕がセレッソ大阪にレンタル移籍してから、10年間、勇人と同じチームでプレーしていない。自分が近くにいれば、勇人の力になれたのに。自分の近くに勇人がいれば、僕の力になってくれたのに。そう思わずにはいられなかった。

勇人からのメールで、今度は僕が勇気づけられた。

「明日は絶対にやってやる！」

プレッシャーではなく、強い気持ちが込み上げてきた。そして僕は勇人にメールを返信した。

ユウトが立ち上がれない姿を見て
できることなら一緒にプレーしたいなと思ったよ。
まだ、広島でやり残したことがあるから、まずは明日、
勝つために全力を尽くして頑張るよ！

勇人から大きな後押しと勇気をもらい、僕はセレッソ大阪との一戦に臨んだ。

けれど、優勝を決めた後も自分から連絡はできなかった。勇人にとって、最もショックな出来事が起こった翌日に、いくら兄弟とはいえ、弟がうれしい結果をつかみ、「やったよ！」と

声を掛けても、きっと素直に喜んでもらえないだろうと思ったからだ。
勇人からのメールに気づいたのは、優勝を決めた後、ホテルに移動し、すべての取材を終えたときだっただろうか。メールの画面を開くと、こう書いてあった。

心からおめでとう。
セレモニーでの寿人の顔を見てたら、少し切り替えることができたよ。
俺もサッカー人生をかけて、これからもジェフを
少しでもハッピーなクラブにできるように頑張る。
おめでとう。

うれしかった。このメールをもらって、家族って、兄弟って本当にいいなと思った。そして、自分と勇人の思いが一緒であることも再認識することができた。その日は、時間帯も遅かったので、翌朝、起きてすぐに勇人にメールを返した。

ありがとう。
ユウトのジェフに対する想い、やっぱり兄弟だなーと思ったよ。

自分のキャリアももちろん大切だけど、
それ以上に支えてくれている人たちのために。
双子で良かった。
クラブワールドカップ、時間があったら、応援に来てね。

勇人は2010年にJ2へと降格したジェフユナイテッド千葉へと復帰した。彼自身のキャリアを考えれば、J1のクラブでプレーするほうがいいことは分かっている。だけど、勇人はJ2降格の憂き目に遭ったチームを、再びJ1に復帰させようとプレーし続けている。

小学生のときも、ジュニアユースのときも、ユースのときも、そしてプロになってからも、今なお僕の一番のライバルは勇人だ。ライバルにもいろいろあるけれど、僕にとっての勇人は蹴落とし合う関係ではなく、互いに励まし合って成長していけるライバルである。

プロの世界で、互いに切磋琢磨していくいいライバル関係を築くのはなかなか難しいけれど、幸運にも僕のライバルは、血のつながった双子の兄だった。

いつかはまた同じチームでプレーしたい。それもキャリアの晩年に1年だけ一緒に過ごすとか、そういったおまけのようなものではなく、お互いがチームの主力選手でいられるうちに、ともにプレーできたらと思う。

これは僕の個人的な思いかもしれない。僕らにはそれぞれ、まだやることがあるから——。

もしかしたら、二人でプレーすることはかなわないかもしれない。

でも、それぞれがやるべきことが達成されたときには、また、二人で子供のときのように一緒にボールを蹴りたい。

1パーセントの才能、99パーセントの努力

子供のころは、いわゆるサッカーノートを付けていた。今も捨てられていなければ、きっと実家のどこかに眠っているはずだ。

そこにはきっと幼い字でこう書いてある。

「1パーセントの才能、99パーセントの努力」

これはジェフユナイテッド市原ユース時代のコーチだった、大木誠さんに教えられた言葉だ。

あれはジェフのジュニアユースに加入した初日だった。チームには、本当に技術の高い選手がたくさん集まっていたが、そんな中でもプレーを見た瞬間に、「うまいな」と分かるほど強烈な存在感を放っている選手がいた。

それがアベちゃん（阿部勇樹／現・浦和レッズ）だった。とにかく、止めて、蹴るという基

礎技術が高い。埼玉でプレーしていた小学生のときも、うまい選手、すごい選手には何人も出会ってきたし対戦もしていた。でも、アベちゃんのうまさは、それとは次元が違っていた。アベちゃんを見たときの印象は、まさに衝撃的という表現がピッタリだった。

そして、しばらく練習をともにしていると、あることに気がついた。

アベちゃんは誰よりもうまいのに、誰よりも早く練習場に来て、いつもボールを蹴っているのだ。そして、全体練習が終わっても、みんなが帰る準備をしているのに、アベちゃんはコーチを捕まえて、毎日といっていいほど、残ってボールを蹴っていた。

僕は練習場から自宅まで片道2時間かかるため、全体練習が終わったらすぐに帰らなければならなかったが、居残り練習をするアベちゃんをいつも横目で見て、「よく練習するな」と驚いていた。アベちゃんは、誰よりもうまいのに、誰よりも練習をし、そして誰よりもサッカーが好きだった。

そんな彼の姿に、僕は大いに刺激を受けた。チームで一番うまい選手が誰よりも練習しているのならば、下手な自分はもっと練習しなければと。

それに気がついてからは、限られた時間の中で、質と意識の高い練習を心がけ、アベちゃんに少しでも追いつき、追い越そうと努力した。

アベちゃんだけでなく、僕はともにプレーしてきた仲間たちに引っ張り上げてもらったという意識がある。勇人やアベちゃん、そしてこれまでともにプレーしてきた多くの選手たちの姿勢や背中を見て、自分もやらなければと強く思ったからこそ、僕はここまで成長することができた。

環境が向上心を育てるのだ。

そして、その源となったのは、1パーセントの才能と99パーセントの努力という教えだった。

誰にも負けない自分の武器を作る

ユースから、ジェフユナイテッド市原のトップチームに昇格したのは2000年のことだ。

当時のジェフには、小倉隆史さん、崔龍洙さんといったシーズン二桁得点の実力を持ったストライカーがいた。

トップに上がって2年間、ポジション争いをしたが、そのときの自分の実力では、彼らを追い越して試合に出場するのは厳しかった。それほど判断力やプレースピード、そしてストライカーとしての実力に開きがあった。

僕は、2002年に、期限付き移籍で、ジェフを離れる決意をした。

クラブ側に打診したところ、複数のチームからオファーをもらったが、それぞれのチーム状況を鑑《かんが》みて選んだのは、セレッソ大阪だった。当時のセレッソ大阪はJ2だったが、出場機会を得られるのであればカテゴリーを下げてもやむを得ないと思った。

セレッソ大阪を選んだ理由の一つは、監督がアンダー世代の日本代表でお世話になった西村昭宏さんだったことだ。西村さんからの「チームをJ1に昇格させるために力を貸してほしい」という言葉も決め手となった。

FWはモリシさん（森島寛晃）、眞中（靖夫）さん、ヨシト（大久保嘉人／現・川崎フロンターレ）が在籍していたが、加入する前はジェフよりは試合に出られるのではないかと考えていた。

ところが移籍を決断して1週間もすると状況が変わった。

2002年日韓ワールドカップ日本代表のメンバー入りを目指すアキさん（西澤明訓）が、イングランドのボルトン・ワンダラーズからセレッソ大阪に復帰することが決まったのだ。モリシさんと、アキさんという、二人の日本代表FWとポジションを争うことになってしまった。気がつけば、ジェフユナイテッド市原よりもセレッソ大阪のFWの選手層は厚くなっていた。開幕直前にはボスニア・ヘルツェゴビナ代表のFWトゥルコビッチが加わり、FWは、僕を入れて6人になった。その6人で二つしかないFWの座を争わなければならない。

練習では調子も良く、それなりに手応えも感じていた。だが、アキさんとモリシさんの2トップを軸としたチームも好調を維持していた。夏になっても途中出場するのがやっとで、試合に出る時間は減っていた。

ある日、僕は練習が終わると、思い切って監督室のドアをノックした。そして、西村監督にたまっていた不満をぶつけた。

「僕は試合に出るためにここに来ました。J1昇格に力を貸してほしいという期待に応えようとやってきました。それなのになぜ、試合で起用してくれないんですか？　もし、このまま使うつもりがないならジェフに帰らせてください」

西村監督から返ってきた言葉は、今、思えば、当然の答えだったと思う。

「お前の調子がいいのは分かっている。でも他のFWを外してまで、今お前を起用する判断はできない」

簡単には納得できなかったし、ものすごく悔しかった。ただ、そのときは現実を受け入れるしかなかった。

試合の遠征メンバーに入れない選手たちは、サテライトの練習に参加しなければならない。南津守にあるセレッソ大阪の練習場までは、家から車で20分程度だが、サテライトの練習会場は舞洲にあり、車で50分近くはかかる。

Jリーグの試合に出られず、サテライトの会場に向かう車中では、一人で悶々《もんもん》としていた。

車を運転しながら、考えに考え、ひたすら考えて、監督の視点で他のFWと自分を比較したとき、一つの答えに行き着いた。

それは、自分にはプレーヤーとしての〝ストロングポイント〟がないということだった。

周りを見渡せば、アキさんにはオンザボールでの強みがある。もともと身体能力も高く、ポストプレーやボレーシュートが抜群にうまかった。逆にモリシさんはオフザボールの動きが巧みで、豊富な運動量を生かして危険なエリアに入っていける力があった。眞中さんはシュート技術が高く、シュート練習でも集中力の高さに驚かされた。一つ年下のヨシトも、すべてにおいて能力が高く、ドリブルによって自ら局面を打開できる力強さがあった。

それぞれ、自分のストロングポイント、勝負できる特長があったが、当時の自分には、「これ」と言えるものがなかったのだ。

これから先も**プロの世界で生きていくには、監督が起用したくなる、自分の武器を身につけなければならない。**上背がなく、フィジカルが強くない自分は、やはりDFとの駆け引き、ディフェンスの背後を突く動き、そしてクロスに合わせる動きを磨いていくしかない。

自分の武器を作る必要がある、と明確に意識したのは、このときだった。

ストライカーとしての礎を作った居残り練習

それからは、全体練習の後もグラウンドに残って、徹底的に技術を磨いた。その居残り練習に付き合ってくれたのが、U-20日本代表で一緒にプレーしていたネモ（根本裕一）だった。ネモはレギュラーとして試合に出場していたが、同年代ということで声を掛けやすかった。だから、全体練習が終わると、ネモのもとへ行き、「この後、練習に付き合ってくれない？」と誘った。ネモも向上心の高い選手だったので、嫌な顔一つせず、付き合ってくれた。

みんなが引き上げていったグラウンドで、ネモは何度も、何度も、ゴール前に走り込む僕へクロスを上げてくれた。タイミングやコース、さらにはボールの質などを変えたさまざまなパターンでクロスを上げてもらい、僕はシュートを繰り返した。最初はタイミングが合わずにシュートまで到達できないこともあったが、続けていくうちにネモも僕の特長を理解してくれるようになり、次第に二人の呼吸は合うようになっていった。

結局、セレッソ大阪での1年間は、リーグ戦13試合に出場して2得点に終わった。チームのJ1昇格に貢献したとはいえない。おそらく、僕がセレッソのチームカラーであるピンク色のユニフォームを着てプレーした姿を覚えている人はほとんどいないだろう。

それでもセレッソ大阪で過ごした1年間は、意義深かった。特にFW練習はストライカーとしての資質を大きく伸ばしてくれた。

セレッソの西村監督は、FWだけの個別メニューを設けていた。内容はシンプルなシュート練習からポストに入ってからのシュート、他にはカットインしてからのシュートなど、さまざまなメニューがあり、いつもFW陣で競い合っていた。

モリシさんやアキさんも一緒になって、「オレ、今、何本決めているかな」「お前、今、何本だからな」といった調子で、毎回、毎回、勝負していた。僕は、日本代表に選ばれているモリシさんやアキさんに勝とうと、一つひとつを丁寧に集中して蹴っていたし、モリシさんやアキさんに勝ったときは、すごい自信になった。

試合に出られなかったことは、本当に悔しかったけれど、さまざまなタイプのストライカーに出会い、その中で自分の武器を作ろうと決意し、それに取り組んだセレッソ大阪での日々は特別なものだ。もし、あのときに戻り、ジェフユナイテッド市原に残るか、セレッソ大阪にレンタル移籍するかを迫られても、僕は間違いなく、大阪行きを決断するだろう。

それくらい、あの苦しみ、もがいた1年間には、僕にとって必要な出会いや出来事が詰まっていた。

身体だけでなく心も準備する

セレッソ大阪では、Ｊ２で13試合に出場したが、先発出場は一度もなかった。試合が始まると、しばらくベンチに座って戦況を見守り、前半途中から、他の選手たちとともにウォーミングアップを開始する。

その中で一人だけ姿勢が違っている選手がいた。それが眞中（靖夫）さんだった。眞中さんはウォーミングアップのときから、まるで試合中のように高い集中力で準備し、精神力を高めていた。普段の明るい、ムードメーカーの表情はそこにはなかった。いつでも戦えるという顔をしていた。コンディションはフィジカルコーチやトレーナーとともに作るものだが、眞中さんから、戦う気持ちを作るのは自分自身だということを学んだ。

この年、僕と同じく途中出場の多かった眞中さんは、28試合に出場して13得点を挙げている。うち8得点が途中出場から決めたゴールだった。

後に日本代表に選ばれるようになって、眞中さんから学んだ姿勢が生きた。

各クラブの主力が集まる日本代表では、先発出場の機会は限られる。ジーコさん、イビチャ・オシムさん、岡田武史さん、招集してくれたどの監督も僕に途中出場から結果を出すことを求めた。

日本代表では31試合に出場しているが、スタメンで出場したのはわずか2試合。29試合が途中出場だった。僕自身が日本代表で挙げた4得点は、すべて途中出場から決めたゴールだ。身体も心も常に100パーセントの準備をしていなければ、きっと、その4ゴールを決めることはできなかっただろう。

レンタル移籍ゆえの苦悩

セレッソ大阪でのシーズンが終わりに近づいていた2002年の秋のこと。スポーツ雑誌に自分が取り上げられていた。レンタル移籍の明暗という記事だった。

レンタル移籍した若手が何人か取り上げられていて、横浜F・マリノスからFC東京に移って活躍したナオ（石川直宏）が成功例として載っていた。

一方の僕の扱いは、出場機会を求めてレンタル移籍したが、活躍できずに終わったという失敗例だった。同世代であるナオと僕は、ともにU-21日本代表で、将来を嘱望されているが、一方は輝き、一方は燻《くすぶ》っていると……。ただただ、悔しくてショックだった。

レンタル移籍の先には、移籍先のクラブが完全移籍で獲得したいと申し出てくれるケースと、期間満了で所属先に戻るというケースがある。僕の場合は、リーグ戦が終わった時点では、ジェフユナイテッド市原に帰ることが決まっていた。ようするに、その時点で、セレッソ大阪からは戦力外と見られていたことになる。

帰る場所はあったが、正直、「格好悪いな」という気持ちでいっぱいだった。

J1のジェフから、J2のセレッソ大阪へとカテゴリーを下げてまで移籍したのに、自分はその先で結果を残すことができなかった。

また、双子の兄である勇人がジェフで頭角を現しつつあったことも焦りにつながった。勇人は僕とは異なり、環境を変えるのではなく、市原に残り、苦しみながらもチャンスをつかみ始めていた。初めて別々にシーズンを過ごした結果、僕は結果を出せず、勇人は結果を出しつつある。このままジェフに戻るのは恥ずかしかった。

もう1年、違うJ2のクラブでプレーしたいという気持ちもあったのだが、当然、レンタル移籍した先で活躍できなかった選手にオファーを出すクラブなどあるはずもない。

残された道は、リーグ終了後に行われる天皇杯だけだった。

天皇杯は、就職活動のつもりで臨んだ。1回戦の相手は石川県のアマチュアチームで、僕はその試合でゴールを挙げる。3回戦では柏レイソルと対戦し、1対1で迎えた延長後半に、人生初となるVゴールを決めることができた。

そのゴールは今でも鮮明に覚えている。家族が観戦に来てくれ、まさにその家族が見ているところで決めたゴールだった。僕の退団は発表されていたので、Vゴールを決めた後、多くのセレッソ大阪サポーターが喜んでくれ、もみくちゃにされたことも覚えている。その手荒な祝福がうれしかったことも。

続く4回戦では名古屋グランパスに2対5で敗れてしまったが、ここでも僕はゴールすることができた。それも「自分の武器を作ろう」と決意してから取り組んできたクロスボールをニアで合わせるという形のゴールだっただけに、決めた瞬間は、努力の成果だと手応えを感じた。しかも、GKは日本代表のナラさん（楢崎正剛／名古屋グランパス）だった。

J2で全く活躍できなかった自分が、柏レイソル、名古屋グランパスと、J1のチームから連続して得点できたのだ。

天皇杯で名古屋グランパスに敗れ、セレッソ大阪でのシーズンは終わった。

すでに市原の新居は決めていて、大阪の家は引き払っていた。最後の数日間は寮で生活し、残っていたのは布団くらい。大阪を去る前日には、（喜多）靖さんが声を掛けてくれ、男二人で鉄板焼を食べに行った。靖さんはその席で「頑張れよ」と背中を叩いてくれた。そういえば、名古屋グランパス戦でアシストしてくれたのも靖さんだった。

そして市原に向かおうとしていた矢先に、突然、ベガルタ仙台からのオファーが届いた。

ベガルタ仙台は僕を獲得するに当たって、明確な位置付けを示してくれた。

「マルコス、山下（芳輝）に次ぐ三番手のFWを探している。試合途中から流れを変えられるFWとして獲得を考えている」

三番手ならば、間違いなく出場機会を得られる。途中出場の機会は多いだろうし、また、先発のどちらかが出場停止になれば、チャンスも巡ってくる。試合に飢えていた自分にとって、それは願ってもないオファーだった。

迷うことはなかった。即決だった。

市原の新居には荷物を置いただけで、すぐにそこから仙台へと引っ越した。

妻の奈央とは、その年の3月に入籍した。当時の自分は21歳。今でこそ、若くして結婚するサッカー選手は少なくないが、当時は珍しかった。

やはりストライカーは数字がすべてだ。結果を出すことで道が開ける。そう確信した瞬間だった。

パスをくれなかった先輩に直談判

マルコス、山下芳輝さんに次ぐFWとしてベガルタ仙台に加入したが、もちろん、三番手に甘んじるつもりはなかった。出場機会を得るには、まず練習でアピールしなければならない。ある日の練習中、ゴール前でシュートを打てる絶好のポジションを取っていたにもかかわらず、パスが出てこなかったことがあった。

以前ならば、練習中にそんなことはしなかったが、アピールしたくて必死だった僕は、思わずパスを出してくれなかった選手のもとへ駆け寄っていった。

「なんで、パス出してくれないんですか。オレに出してくださいよ」

その選手とは、日本代表の背番号10を背負ったこともあるテルさん（岩本輝雄）だった。テルさんはベガルタ仙台のＪ１昇格の立役者であり、個人のオリジナルグッズをスタジアムで販売してしまうほど絶大な人気を誇る、まさに主力中の主力選手だ。

年齢的にも31歳のベテランで、一方の僕はまだまだ21歳の若手。そんな若造が、大先輩に食って掛かったのだ。心の中では「出せよ」だったが、さすがに大先輩なので「出してくださいよ」と言ったけれど（笑）。

当然、テルさんは「は？」という態度。おそらく「こいつ、何を生意気なことを言っているんだ」と思っただろう。それでも、僕は懲りずに、チームのエースにその後も噛《か》みついた。

しばらくするとテルさんの態度に変化が表れ始めた。

徐々にではあるが、自分が好位置にいると、パスが出てくるようになった。要求することで、気に掛けてくれるようになったのだ。自分が練習中にゴールという目に見える結果を出したということもあったのかもしれない。

2003年4月13日に行われたJ1第3節、ホームに清水エスパルスを迎えた一戦だった。僕らは前半終盤に先制され、さらに後半6分にはGK高桑大二朗さんが負傷交代するなど、苦しい状況に立たされていた。

後半17分だった。左サイドでボールを奪うと、テルさんがピッチを横切るようにドリブルする。僕はテルさんを追い越すように右後方から、斜めにゴール前へと走り込んだ。

「来る！」という気配とともに、レフティーであるテルさんの右足から、ドンピシャのスルーパスが来た。タイミングを合わせて走り込んだ僕は、左足で逆サイドへゴールを決めた。

このゴールが、ベガルタ仙台でのホーム初得点だった。後半24分には自分が2点目を決め、結果的に3対1で勝利することができた。

このゴールを決めたことで、テルさんとはさらに信頼関係を深めることができた。

テルさんに誘われて、二人で一緒に練習場の周辺でランニングをしていたときのことだ。なぜかわざわざ近くの住宅展示場の方まで行って、あの自由奔放なキャラクターの調子でテルさんはこう言った。「家は男のロマンだからな」。

まだ、若かった僕は、全然、意味が分からず、「そうなんですか」なんて答えていたように覚えている。

逆さまの横断幕が生んだ、エースの自覚

セレッソ大阪では、ストライカーとして生き残っていく術を学んだが、２年間在籍したベガルタ仙台は、僕に「プロ意識」を芽生えさせてくれた。

三番手のＦＷとしてスタートした自分は、結果を出すことで少しずつレギュラーに近い存在へとステップアップしていった。最終的にチームはＪ２降格の憂き目に遭ったが、個人的にはＪ１で初めて30試合に出場し、二桁にあと１点と迫る９ゴールを挙げることができた。

Ｊ２で迎えた２００４年。Ｊ２に落ちたことで多くの選手が去り、チームの再編成を余儀なくされていたベガルタ仙台は、開幕から２連敗を喫した。それも横浜ＦＣとの開幕戦は０対４、続く第２節の京都パープルサンガ戦はホームで０対５と完敗だった。

迎えた第３節のコンサドーレ札幌とのアウェイゲーム。

スタジアムに着くと、僕はいつも会場を見渡して雰囲気を確認するのだが、予期せぬ光景が目に飛び込んできた。アウェイの一角に張られた横断幕のうち、自分のものだけが、逆さまになっていたのだ。

「どうして自分の横断幕だけ逆にされているのだろう」

22歳の自分にはそれに耐えられるだけのメンタルは備わっておらず、試合前に落ち込んだのを覚えている。

チームが初勝利を挙げたのは第4節の川崎フロンターレ戦だった。その試合で自分自身もシーズン初得点を含む2ゴールを挙げ、2対1で勝利した。その試合後、財前（宣之）さんが、メディアに向けたコメントでこう言ってくれたのだ。

「今日はエースが2点を取ってくれたので勝つことができました」

そのコメントを聞いたときには驚いたが、そこから僕は自分自身の立場を自覚するようになった。

2003年にチームに加入して、ようやくコンスタントに試合に出場できるようになったばかりの自分には、クラブを背負っているという自覚ができていなかった。サポーターが横断幕を逆さまに張ったのも、すべてはエースストライカーの発憤を期してのことであり、「お前が点を取らなければ、チームは勝てないんだよ」というメッセージでもあったのだ。

そのときから僕は、エースストライカーとしての意識、そしてクラブを背負っているという自覚を持つようになった。

J2ではあったけれど、2004年シーズンに44試合に出場し、20得点を挙げることができたのは、その意識があったからだ。自分がゴールを決めずして誰が決める。その強い自覚が、ゴールへの原動力となっている。

イメージを共有する作業をひたすら繰り返す

何度も繰り返しているが、僕は身長が低い。

ズラタン・イブラヒモビッチのように中央でどっしりと構え、味方のクロスを待っていても、身長170センチの自分が普通に競り合えば、間違いなく弾《はじ》き返されてしまう。それだけに僕の場合はペナルティボックスの中でいかにスペースを作り出し、いかにシュートコースを開け、いかにシュート体勢に入るかが重要になってくる。それは自分一人でできることではない。チームメイトとのイメージの共有がカギになる。

例えば、サンフレッチェ広島のチームメイトであるクロアチア人のミカ（ミキッチ）とはクロスを入れるタイミングやコースについてよく話し合う。

「DFを抜き切る前に、早いタイミングでゴール前にクロスを上げてほしい」

サイドの選手がDFを抜き切ってからクロスを上げると、同時にディフェンスラインも下がっているため、ペナルティエリア内のスペースは限られてしまっている。上背のない自分では、スペースが限られた状況でシュートチャンスを得るのは難しい。

長身FWがマークを引きつけてくれれば、僕にもシュートチャンスはあるが、特に1トップを採用している今のサンフレッチェ広島では、得点する機会は狭まってしまう。

また、DFの視点で考えたとき、ゴールに背を向けてポジションを取っている状態でクリアするのと、ゴールに向いてポジションを取っている状態でクリアするのとでは、後者のほうが絶対的に難しい。ゴールに向きながら、クロスボールとFWの動きを確認しながらクリアするほうが困難なはずだからだ。

だから僕は、DFが下がり切って守備の態勢を整える前に、早いタイミングでクロスを入れてほしいとミカに伝えていた。

2012年のシーズンが開幕したときも、練習でその形を何度も試していた。それでも、なかなか僕の動きとミカのクロス、さらにコースが合わない。それだけイメージを共有し、実行するのは難しいのだ。

だが、練習でもなかなか合わなかったプレーが、試合中に合致した。

2012年3月31日のFC東京戦でのゴールがそれだ。後半11分、右サイドでパスを受けたミカは、前方にスペースがあったためドリブルすることもできたが、クロスを選択してくれた。これが絶妙だった。DFとGKの間に低くて速いクロスを入れてくれたのだ。DFの後ろから走り込んだ僕は一気に加速し、ＤＦの前に出ると、あとはただ左足で蹴ればよかった。ゴール右に決まったそのシュートは、僕のシュート精度というよりも、クロスを出したミカの判断、コース、そして僕が走り込んだタイミングがすべてだった。

練習ではなかなか合わなかったプレーだが、何度も擦り合わせることで僕らはイメージを共有することができていた。瞬時の判断が勝敗を分けるサッカーにおいて、お互いのイメージを完全に一致させるのは、容易なことではない。でも、繰り返し練習することで、お互いの考えは徐々に近づいていく。

練習でできないことは試合でもできないと言われるスポーツの世界において、試合という本番で、それが合致したのは、やはりイメージを共有するための反復作業があったからこそである。

一本のパスにメッセージを込める

また、ボランチのトシ（青山敏弘）には、いつもこう話してもいる。

「パス一つひとつでメッセージを伝えてくれ」

サポーターがチームの勝利のために一生懸命、応援してくれている試合中は、すべての声が聞こえるわけではない。パスを受けたとき、「フリー」や「ターン」と声を掛けてもらっても声援にかき消されて聞こえないときがある。

だが、声は届かなくても、パスで意思や状況を伝えることはできる。1トップの場合は特にだが、FWはゴールを背にしてボールをもらう場面が多い。例えば、DFに挟まれているが、左のほうがまだスペースがあったとする。そのとき、右のDFが近くにいるのに、右にパスを出せば、あっという間にDFに寄せられてしまい、時間もスペースも失ってしまう。だから、スペースのある左側にパスを出すのがセオリーとなる。

同様に強弱でも意思を伝えることはできる。試合ではすべての縦パスがゴールに直結する意図があるわけではなく、ときにはポストプレーによって、攻撃を展開していく狙いもある。例えば、ゴールに直結する動きが可能なときは強いパスを、ポストプレーをしてほしいときは弱いパスとすることで、声を掛けずとも意図を伝えることはできる。

2011年9月10日、J1第25節、セレッソ大阪戦で決めた前半44分のゴールは、まさにそうしたメッセージが詰まっていた。ゴールを背にして両センターバックの間にポジショニングしていた僕に、後方からパスを受けたトシは前を向くと、縦パスを送った。それは「弱く」なく、「強い」パスだった。彼からの振り向けるというメッセージだと判断した僕は、一瞬、パスを呼び込みに行くフェイクを入れると、左足でトラップした流れからゴール方向へターンした。前を向いた僕は、追いすがる両センターバックをドリブルで振り切ると、シュートを決めた。まさにトシがパスに込めたメッセージを僕が読み取り、そしてゴールへとつなげたプレーだった。

トシだけでなく、チームメイトには、まずボールを持ったら、最前線にいる自分を見てほしいと伝えている。

だが、パスを要求する僕に出すか、出さないかは、僕ではなくパサーである選手の自由だとも伝えている。僕が要求していても、もっといい選択肢があるかもしれないし、僕がいる状況が悪いときもあるかもしれない。僕が呼ぶからパスを出すのではなく、そこは自らが考え、そして判断してほしいのだ。僕はゴールを決めるために動き続ける。だからこそ、そのパスがゴールに直結しているのか、その過程を担うパスなのかを伝えるのは大事なことでもある。一本一本のパスにメッセージがこもっていれば、必然的にゴールへとつながっていく。その意識がチームをより高みへと導き、勝利という結果につながるのだ。

同じポジションのライバルを自主トレに誘った理由

チュン（李忠成／現・FC東京）がサンフレッチェ広島に加入してきたのは2009年のシ

ーズン途中だった。チュンは8試合に出場したが、結果的に無得点に終わっていた。

僕も仙台から広島に加入してきたときに、重圧や焦りを感じて8試合無得点だった経験がある。チュンの状況に、当時の自分の姿を重ね合わせていた。

確かにチュンとは同じポジションであり、ライバルでもある。チュンは1列後ろのシャドーでもプレーできるが、本来はストライカー。当然、彼と僕はポジションを競わなければならない立場にあった。だが、リーグ戦が中断する前に、こう声を掛けた。

「中断期間のオフにグアムで自主トレをしようと思っているんだけど、よかったら一緒にやらない？」

すると彼はこう答えた。

「ありがとうございます。ちょっと考えてみます」

しばらくして、他に声を掛けていたマサ（山崎雅人／現・モンテディオ山形）とウッズ（中林洋次／現・ファジアーノ岡山）は参加することになったが、直前になってもチュンからの返事はなかった。

「きっと、ポジションを争う自分と一緒に自主トレするのは気持ち的にも難しいんだろうな」

そう考えを巡らせ、半ば諦めようとしていたそのとき、チュンから参加するとの連絡があった。

シーズン中も含めて、彼と二人で食事に行ったことはなかった。自主トレ中なら、ゆっくり彼と話す時間も作れるだろう。そして、少しはストレスや悩みを聞くことができるかもしれない。そう思いながら、みんなでグアムに向かった。あれは何日目だっただろうか。練習を終え、ストレッチをしているとき、偶然二人だけになった。

「話をするなら今しかない」

チュンは、抱えている不満をぶつけてくれた。

「寿人さんがいる以上、オレはどうせ1トップでは出場できないですよ。それに昨シーズンはシャドーの位置でも、あまり出場するチャンスはなかったし」

僕は、今だけを見るのではなく、さらに先を見据えてほしいと彼に伝えた。

「試合に出ることは確かに大事かもしれないけど、それだけのためにサンフレッチェに来たわけじゃないだろう？　日本代表に定着するために、サンフレッチェへの移籍を決断したんだろう？　確かにオレがいることで、チュンが出られなかったり、シャドーの位置で出ることも多いかもしれない。でも、その少ないチャンスをゴールという形で結果に結びつけていけば、また状況は変わっていくと思うよ。自分だって、いつケガをするか分からない。そのときに1トップを託せるのはチュンだけなんだしさ」

どれだけ彼の不満を解消してあげられたかは分からない。彼が不満を抱えている理由の半分は、自分の存在なのだから。

だが、彼はストライカーとしての能力は高く、チームにとって必要不可欠だ。彼が奮起し、シャドーの位置で出場することになれば、自分の得点チャンスも、チームが勝てるチャンスも増えると考えていた。

実際、2010年シーズンは、僕が9月に右肩鎖関節脱臼のケガをしたこともあって、チュンは出場機会を一気に増やした。ときに1トップ、ときに2列目のシャドーとしてシーズン11得点を挙げた。それは、出場機会が得られないぎりぎりの精神状態の中でも、自分に厳しく、トレーニングに励んできた結果だった。

ただ、彼がライバルである自分との自主トレに参加したのは、今でも不思議だ。

今度、チュンとゆっくり話す時間があれば、彼になぜ、あのとき自主トレについてきたのか、聞いてみたいとも思う。

なぜ自分の得点よりも、ライバルへのアシストを選んだか

2011年、ケガが癒えた僕はスタメンに戻って1トップを務め、2列目のシャドーで出場していたチュンとコンビを組むことになった。ともにプレーする時間が増えれば増えるほど、

彼の成長を実感し、チームメイトとして頼もしく感じていた。

２０１１年のシーズンが始まる前には、二人でこんな話もした。

「二人で30得点取ろうぜ。二人でそれだけの得点が奪えれば、チームも上位で戦えているはずだから。そこを目指そう」

チュンの得点感覚は、２０１１年も研ぎ澄まされていた。1トップを担っている自分が、シーズン終盤に差し掛かった時点でまだ一桁得点だったのに対し、チュンはすでに二桁得点を記録しており、得点王を射程圏内に捉えていた。

だから僕は勝利後のヒーローインタビューで、彼へのメッセージも込めて、サポーターやファンの前でこう言った。

「チュンが得点王を取れるように、アシストしたいと思います」

横にいたチュンは、驚いたような顔をした。「エゴイスト」であるべきストライカーらしからぬ発言だと思ったのだろう。ヒーローインタビューが終わると、チュンはこう聞いてきた。

「寿人さん、さっき言ったこと本心ですか？」

そんなふうに返されるとは思っていなかったから驚いたけど、あれは本心から出た言葉だった。

僕にも過去に似たような経験があった。２００７年だった。かつて得点王にもなったことのあるウェズレイが、僕にこう言ったのだ。

「ヒサは今年、十分に得点王を狙える。それくらいの力を、お前は持っているよ」

それこそ僕以上にエゴイズムの塊だと思っていたウェズレイに、太鼓判を押されたことはうれしかった。

実際、ウェズレイは試合中も自分のことをよく見てくれていて、僕のほうがゴールへの確率が高ければ、僕にパスを供給してくれた。

ウェズレイが僕に投げかけてくれたのと同じ気持ちを、僕はチュンに抱いていた。

仮に自分も得点王を狙える位置につけていれば、さすがに彼に得点王を取らせたいとまでは思わなかったかもしれない。ただ、あのときは、僕が得点王になる可能性よりも、チュンが得点王になれる可能性のほうが高かった。

あの時期、周囲には、チュンが出場していることで、自分のゴールが減り、特長が消えていると言う人もいた。だが、実はその前年と僕のシュート数はそれほど変わっていない。得点数が減ったのは、自分自身が決定機に決められなかった、チャンスを生かせなかっただけだ。

当然、得点王レースに絡めなかったという悔しさはあったが、それは誰が出ていたから、誰が得点していたからではなく、すべては自分自身の力不足が原因だった。

実際、サンフレッチェ広島のシステムは1トップ2シャドーだが、チュンがいることで、ときに2トップの形のようになり、ともにペナルティエリアの中に侵入して相手に脅威を与えることができた。

ライバルといえども、別のチームの選手ではなく、仲間、チームメイトだ。そこはキャプテンだからというのではない。チームの一員として、素直に仲間をサポートでき、仲間の快挙を喜べる選手でいたいと考えている。

森﨑兄弟への特別な思い

2012年11月25日、J1優勝を決めた翌日のことだ。深夜にテレビ出演を予定していた僕は、二人のチームメイトに連絡した。

「テレビの収録の前に、一緒にご飯に行かない？」

同じ番組に出演することになっていた二人は快く承諾してくれた。

その二人とは双子としてサンフレッチェ広島でプロになり、今もサンフレッチェ広島でプレーし続けているカズ（森﨑和幸）とコウジ（森﨑浩司）だ。

僕が広島に加入したばかりのころは、二人とも結婚前だったこともあり、三人でよく食事に行っていた。それこそ三人でお互いの誕生日を祝ったこともある。

僕がサンフレッチェ広島に加入した2005年、同世代の二人はすでにチームの中心として活躍していた。二人ともU-23日本代表候補に選ばれ、コウジは2004年のアテネオリンピックにも出場していた。チームの注目選手でもあり、メディアに取り上げられるのはいつも彼ら二人だった。

コマ（駒野友一）も含め、ユース代表のころから知る彼らがいたことも、サンフレッチェ広島に移籍する後押しになっていたし、一緒にプレーするようになってからは、もう知り合いというレベルではなく、心の底から信頼できるチームメイトだった。

コウジとは家が近かったこともあり、いつもどちらかの車に乗って、練習場である吉田サッカー公園まで通っていた。

その二人は、これまで心の病で苦しんできた。

コウジがオーバートレーニング症候群になったのは、僕が加入した2005年だった。

彼が次第に体調を崩していくのを、一緒に練習場に向かう車の中で間近で感じていただけに、複雑な思いだった。コウジが練習を休み、一人で練習場まで車を運転しなければならなくなったときは、どこか心細く思った。

その後、入れ替わるように2006年にはカズがコンディションを崩してしまう。二人はその後も入れ替わり立ち替わり、心の病に苦しみ、チームを離脱した。

彼らが苦しんでいる理由の一端が、もしかしたら自分にあるのではと考えたこともある。

２００５年に加入した僕は、その年、Ｊリーグベストイレブンに選出され、日本代表にも招集されるようになった。ポジションがストライカーということもあり、メディアに取り上げられる回数も、徐々に増えていった。選手名鑑の表紙にも僕の顔写真が載るようになり、チームを代表したインタビューに自分が抜擢されることも多くなった。つまり、それまでカズとコウジがやってきた役割を、少しずつ自分が務めるようになったのだ。

プロのサッカー選手である以上、注目され、取り上げられることは喜びの一つでもある。そっとしておいてほしいという人もいるかもしれないが、それはきっと稀《まれ》だろう。

広島で生まれ育ち、サンフレッチェ広島でプロになった彼らは、広島という町を、クラブをずっと背負ってプレーしてきた。それは、会話の端々やプレーから感じ取ることができた。

「もしかしたら二人は、僕が注目されることが面白くないのではないか」

そしてそれがストレスになっているのではないか。そう考えて、自分がメディアに取り上げられることに少し後ろめたさを感じて、悩んだことがあった。

二人が陥ったオーバートレーニング症候群や慢性疲労症候群といった症状は、精神的なものなのでなかなか周囲から理解されにくい部分もあったと思う。

同世代ということもあり、メディアの人や周囲から彼らの症状について聞かれることも多かったけど、自分自身も二人がどう苦しんでいるのか、すべてを理解することができず、自分の非力さやもどかしさを感じていた。

「なんて声を掛けてあげればいいのだろう」

二人がそれぞれ休んでいるときには、状況を知りたくても電話すら掛けられなかった。カズが休んでいるときはコウジに、コウジが休んでいるときはカズにそれとなく聞くことしかできなかった。

その一方で、シーズン中は自分たちにも目の前の試合がある。その中で、一番頼りになる二人がいないことは自分自身にとっても苦しく、たまに「しんどいな」と思うこともあった。二人には何でも話し、何でも聞くことができたから。

「カズなら、この状況をどう考えるだろう……」

「こういうとき、コウジだったらなんて言うだろう……」

試合中に、練習中に何度、そう思ったことだろうか。

それだけに彼らが揃ってシーズンを通してプレーした2011年、そしてJ1で優勝した2012年は本当にうれしかった。後ろを振り向けばコウジが、さらに後ろにはカズがいる。だから、僕は思い切ってゴールに向かうことができた。

自分自身も双子ということもあるのかもしれない。だが、それ以上に、彼らとは何度も何度も、苦しいときをともに過ごしてきた。

Ｊ２に降格したときも、真っ先にサンフレッチェ広島に残ってもう一度、一緒にＪ１を目指そうと話したし、チームの好不調をいつも一緒に乗り越えてここまでやってきた。

だからＪ１優勝が決まった後、真っ先に二人と喜びを分かち合いたいと思った。他のチームメイトには申し訳ないけれど、僕はどうしても三人で、三人だけで優勝を祝いたかった。

それは数年ぶりに実現した二人との食事会だった。

それぞれの家族を伴っての食事会は、テレビの収録が始まるまでの限られた中だったけど、僕にとっては二人と一緒にシーズンを振り返り、優勝を喜び合えた最高の時間だった。

冗談半分、本気半分だけれども、僕らが現役を引退してからも、サンフレッチェ広島というクラブをさらに良くしていくために、それぞれが関わっていければという話も飛び出した。その内容は、チーム関係者に生意気だと言われそうなので内緒にしておくけど、クラブに対するそれぞれの思いを確認することができた。

自分は双子の勇人とは、離れてプレーしている。それだけにともに生え抜きとして一緒のチームでプレーし続けているカズとコウジのことを羨ましく思うことがある。

渡り鳥のように幾つものクラブを転々としていく人もいれば、一つのクラブでずっとプレーしていく人もいる。複数のクラブでプレーした経験のある選手は、必要とされる場所がいくつもあることにもなるが、一方で一つのクラブに大きな財産を残すことはできない。

一概にどっちがいいとは言い切れない。自分は若いころに移籍を経験したことで大きく成長することもできた。それでも……ずっと一つのクラブ、愛するクラブでプレーし続けることは、本当に素晴らしいと思う。

三人で久々に食事会をした日、テレビの収録を終えて帰宅した僕はソファーに座り、感極まって泣いた。それを見た妻の奈央は驚いた顔をしていたけど、僕にはそれだけ特別な、幸せな、そして最高の夜だった。

一緒に戦ってきた仲間がチームを去り、引退していく中、ずっと三人でプレーしてきて良かった。ずっと苦しんできたカズとコウジの二人が優勝する瞬間、広島ビッグアーチのピッチに立っていてくれて良かった。そう思っただけで、僕の涙は止まらなかった。

第3章

キャプテンとはどうあるべきか

ストライカーはキャプテンに向いていない？

日本代表の合宿中に、（中村）憲剛くんにこう言われたことがある。

「お前さぁ、ストライカーなんだからキャプテンはやらないほうがいいよ」

僕はそう言われてどきっとした。

「ストライカーなんだから、強くチームメイトにパスを要求しなきゃいけないときってあるだろ？　キャプテンだと、後々のこと、チーム全体のことを考えて強く言えないときが必ずある。だから、ストライカーはキャプテンに向いてないんだよ」

僕は何も言えなかった。それはキャプテンを務めるようになってからうすうす感じていたことでもあったからだ。

僕が尊敬するフィリッポ・インザーギのように、ストライカーはときにエゴイストでなければならない。自分がゴールを決めるために、チームが勝利するために、ときに強く訴える必要がある。

インザーギはよくゴール前で両手を前に広げ、チームメイトに「ここに寄こせよ！」と、強くアピールする。僕も以前は決定的なチャンスで、味方のパスがずれてしまったときは、悔しさのあまり「なんで、ここに出さなかったんだよ」と、強く訴えることもあった。

でも、キャプテンになってからは、チームの雰囲気や状況を考えて、そういう強いアピールはいつしかしなくなっていた。押し込まれている状況で、「もっとボールを寄こせ」と後方の選手たちに強く訴えても、それはストライカーとしての意見になってしまう。チームの状況を考えながら、言うべきときを選ぶようになった。

ストライカーゆえの難しさはそれだけではない。

チームが苦しい状況に立たされているとき、チームの最前線でプレーしている自分が後方に向かって叫んでも、後方にいるDFにまでは声がなかなか届かない。多くのチームが、中盤の選手をキャプテンにしているのも、攻守両面の状況を把握し、指示を出せるからということもある。

そういうときは、ボールが外に出たタイミングで、中盤のトシ（青山敏弘）やカズ（森﨑和幸）に相談して、彼らを経由してチーム全体で意思が統一できるようにしている。

キャプテンになった今は、話し方も変われば、話す口調も変わった。以前よりも話す機会は増えたし、試合後はのどがカラカラになる。

憲剛くんの考えは理解できるし、ストライカーとしての自分とキャプテンとしての自分の役割が矛盾していることは分かっている。

確かに、キャプテンであるがゆえに、ストライカーとしての強い要求ができずに、自分が得点する機会やチャンスは減るのかもしれない。ただ、僕はキャプテンになったとき目先のゴールだけでなく、3年後、5年後のチームを見据えようと思っていた。

今でこそ、サンフレッチェ広島にはキャプテンに相応《ふさわ》しい選手はたくさんいる。だが、僕が正式にキャプテンに就任した2008年当時は、若い選手も多く、ストライカーとして自分の得点のことを考えるよりも、キャプテンとしてチームに自分の経験を伝えていくことのほうが、勝利につながると考えたのだ。

それにキャプテンをすることで、チームを俯瞰できるようにもなった。チーム全体を見ることができるようになったことで、選手としてもストライカーとしても一回り成長することもできた。

チームが良い方向に向かい、勝利できるのであれば、僕はストライカー兼キャプテンとしてピッチに立ちたいと考えている。

キャプテンには、二つのタイプがある

子供のころの僕にとって、キャプテンはいつも勇人だった。

小学生のときも、ジェフユナイテッド市原のジュニアユースで全国大会に出場したときも、いつだってキャプテンマークを巻いていたのは勇人だった。僕は、勇人の背中を追いかけ、勇人が発揮するリーダーシップのもと、ゴールを決めることだけを考えていればよかった。

ジェフユナイテッド市原でプロになったときにキャプテンを務めていたのは、中西永輔さんだった。永輔さんはときに優しく、ときに厳しい言葉を掛けることでチームをまとめていた。そしてとても面倒見が良く、新人だった自分にも気さくに声を掛けてくれた。

セレッソ大阪に移籍したときは、モリシさん（森島寛晃）がキャプテンだった。モリシさんはどちらかといえば、プレーや態度でチームを引っ張っていくタイプだった。チームメイトは、いつも集中して練習に取り組むモリシさんの姿勢に引っ張られていた。

これは余談だけど、かつてセレッソ大阪でプレーした人間として、セレッソ大阪から（香川）真司（マンチェスター・ユナイテッド）や（乾）貴士（アイントラハト・フランクフルト）、さらに（柿谷）曜一朗と、続々と優秀な若手が台頭してくるのは、モリシさんの精神がクラブに根付き、浸透しているからのように感じる。

所属しているときに感じたのは、育成年代の選手たちは、みなトップの選手に強い憧れを抱き、ああなりたいと強く思っていたことだ。その象徴がまさにモリシさんだった。選手の手本となり、引退してもなお、その精神は次から次へと受け継がれているのだと思う。

今もセレッソ大阪のホームスタジアムには「モリシイズム」と書かれた横断幕が掲げられている。まさにモリシさんがクラブの象徴であり、その精神が受け継がれていることを示している。

キャプテンを強引に二つに分類するならば、この二つのタイプに分かれるだろう。自分はどちらかといえば、前者になるかもしれない。

チームがうまくいっていないときは、チームの風通しを良くするために、練習が終わった後に、話し合いがしやすい環境を作る。

練習中に掛ける言葉にも気を配っている。例えば紅白戦で、自分がFWをやっていて、若手がDFとして守っていたとする。プレーが途切れたときに、若手選手に「今のプレーってどうだった？」「今のプレーはどう思う？」と尋ねる。

選手は認めていない相手に意見を求めたりしない。僕が声を掛けることで、若い選手は認められていると感じてくれる。

コミュニケーションを常に取っておけば、ミーティングでも若手から積極的な意見が出てくるし、また、集中を欠いている若い選手がいても、注意しやすい関係性が築ける。

上から目線ではなく、同じ目線で話す。ベテランも若手も、主力もサブも関係ない。全員がチームの一員であるという一体感を作り出すために、今もなるべくフランクに話しかけるようにしている。

チームの顔である、キャプテンの義務

もう一人、僕にとって印象深いキャプテンがいる。それは戸田（和幸／現・シンガポール・アムード・フォーシズFC）さんだ。サンフレッチェ広島がJ2に降格した2007年、キャプテンマークを巻いていたのは戸田さんだった。

なかなか結果が出ず、チームの順位が上がらない。5連敗のどん底に落ち込んだこともあった。そんなときでも、戸田さんは常にミックスゾーンに立ち、記者からの質問に答え続けていた。ボランチの戸田さんは、負けた試合では、自身が失点に直接絡んでいる可能性もある。それでも戸田さんは、メディアの前に立ち、試合について語り、記者からの厳しい質問に誠意をもって答えていた。

キャプテンマークを巻くということがどういうことなのか、チームを引っ張っていくということがどういうことなのかを、その背中から僕は感じ取った。

FWは比較的、試合後にコメントを求められがちだ。だが、実際にコメントするのは試合に勝ったときや自身が得点したときが多く、負けた試合などでは言葉少なにミックスゾーンを去

ることもできなくはない。

しかし、**キャプテンは試合に勝ったときも、負けたときも、記者の質問に答える義務がある。**

自分もいついかなるときも、試合後のミックスゾーンでは記者からの質問に答えるようにしている。正直、負けた試合の後は悔しいし、話したくないと思うときもある。だが、チームの結果を背負っている選手である以上、僕はミックスゾーンで話し続ける。

前キャプテンに教わった、後輩を育てるということ

戸田さんは、基本的に練習中にチームメイトを褒めることはない。たとえいいプレーをしても、「それでお前は満足しているのか？」という態度だったように思う。

特に厳しく接していたのが、同じポジションの後輩であるトシ（青山敏弘）だ。

パスのスピード一つにしても、守備のときのポジショニングにしても、はたから見れば戸田さんの要求は高すぎるようにも見えた。だが、目指すのは、「そこ」ではないだろう。そのさらに先、もっと先にあるんじゃないか。そうメッセージを投げかけているように僕の目には映っていた。

戸田さんにとってトシは同じポジションを争うライバルだ。プロサッカー選手を個人事業主

と考えれば、後輩といえども、自分の妨げになりかねない。成長すれば、いずれ自分のポジションを脅かす存在になる可能性があるからだ。自分自身のことだけを考えれば、何もアドバイスしないほうがいい。

だが、戸田さんは、トシに常に厳しく接していた。それはクラブの現在地ではなく、未来を見ていたからではないだろうか。

サンフレッチェ広島にとって、来年、さらに数年後、トシの成長がいかに大事かを分かっていたからこそ、戸田さんはトシに成長してもらいたいと高い要求を出し続けていた。戸田さんは出る杭を打つのではなく、出る杭を引っ張り上げようと、トシに接していたのだ。二人が一諸に居残り練習に励む姿を横目に、僕はそんなことを思っていた。

当時、トシはようやくスタメンに定着し始めた若手でもあり、ときに厳しすぎるのではと思うこともあったが、愛情にあふれた指導でもあった。戸田さんの言動や行動、そして背中からは、トシを成長させたいというメッセージがひしひしと伝わってきた。

自分が振り向かなくなったとき、チームは強くなる

戸田さんから僕がキャプテンマークを受け継いだのは、2007年のJ1・J2入れ替え戦

の第2戦からだ。つまり、J2に降格したその試合、僕の左腕にはキャプテンマークが巻かれていたことになる。

それまでにも、その当時のキャプテンが出場停止だったり、途中交代した場合に、臨時にキャプテンマークを受け取ることもあったが、自分がキャプテンだというはっきりした自覚を持って試合に臨んだのは、この試合からだ。

キャプテンとしてチーム全体のことを考えるようになって、真っ先に気づいたのはチームのメンタル面の弱さだった。

それを最も痛感したのが、2010年11月3日に行われたジュビロ磐田とのヤマザキナビスコカップ決勝だった。晴れわたる国立競技場で、4万人近い観客が詰めかけた中で迎えたその試合は、僕らが初タイトルをつかむ絶好のチャンスだった。

前半36分に先制を許すも、前半43分にチュン（李忠成）が同点弾を叩き込み、後半3分には（山岸）智のゴールで逆転に成功した。僕はこの日、ベンチにいた。9月8日に行われた同じくヤマザキナビスコカップ準々決勝第2戦で、右肩鎖関節を脱臼していたのだ。

僕は、強く試合に出たいと願っていたが、それは許されなかった。当時、監督を務めていたペトロヴィッチさんは、後半33分までに交代カードを使い切り、リードを守り切って試合を終わらせようとしていた。僕はベンチ横から、ピッチで戦うチームメイトに、ただただ声を掛けることしかできなかった。

記憶に残っている人も多いだろう。後半44分だった。チームは左コーナーキックから（前田）遼一に押し込まれ、同点に追いつかれてしまったのだ。あと一歩でタイトルがつかめそうなところまできていた。それだけに終了間際の失点は相当、応えたと思う。だが、あの時点で、負けが決まったわけではない。まだ、同点に追いつかれただけだ。

それなのに、みんな下を向いて、大きく落胆していた。失点後に顔を下げてしまうと、相手は戦意を喪失したと見なし、畳みかけにくる。

それこそジュビロ磐田のＧＫ（川口）能活さんは、失点しても、がっかりした様子を微塵《みじん》も感じさせず、ボールを拾い上げると、前線の選手たちに投げ渡し、さも「ほら、ゴールを奪ってこい」という強気な態度を見せる。そうしたふてぶてしさがサンフレッチェ広島にも必要だった。

それから僕は、チームのみんなに精神的に強く、タフになろうと呼びかけていった。試合前のウォーミングアップでも無理に声を出して、チームの士気を高めるようにしていた。試合中も可能な限り、チームを鼓舞する言葉、ポジティブになれる言葉を掛けようと努めた。

（森脇）良太（現・浦和レッズ）やトシ（青山敏弘）をはじめ、少しずつそれは浸透していった。

そして、2012年になり、J2を戦った2008年シーズンに正式にキャプテンとなってから、4年が過ぎていた。

実はこの年僕は、キャプテンを退いて、あとを後輩に託すつもりだった。

だが、ペトロヴィッチさんから森保（一）さんに監督が代わり、新体制1年目ということもあって、森保さんから「チームを一緒に支えてほしい」と頼まれ、継続してキャプテンマークを巻くことになった。

そして迎えた、2012年11月17日の第32節、浦和レッズ戦。

優勝に向けて重要な試合だったこの一戦で僕らは2点を奪取されてしまう。

センターサークルにボールをセットし、後ろを振り返りチームを鼓舞しようとした僕の目に飛び込んできたのは、顔を上げ、闘志を漲《みなぎ》らせていたチームメイトたちの姿だった。

ベテランだけでなく、トシや（髙萩）洋次郎、さらにはノリ（石川大徳）からも、「取り返そう」「ここからだ」という声が飛んできた。失点に絡み、誰よりも悔しい思いをしているチバちゃん（千葉和彦）やミズ（水本裕貴）からもそうした声が聞こえてきた。

結果的に試合には負けてしまったけれど、試合後のロッカールームでも、負けは負けと潔く認め、自分たちの良さが出せなかったことをしっかりと受け止めようという言葉が、あちこちで交わされていた。優勝を争っているベガルタ仙台は引き分け、自分たちの力で、自力で優勝を決められるのだから、次は絶対に勝とうという前向きな言葉と雰囲気に包まれていた。

「もう、一人でチームを鼓舞しなくてもいいんだな」

サンフレッチェ広島は、誰もが最後まで諦めず、失点してもなお、まだ行ける、逆転できると自分たちを信じて戦おうとするチームになった。

J1優勝を達成できたのは、自分たちが作り上げてきたサッカーが形になったということもあるが、決してそれだけではない。チームが、精神的に逞《たくま》しく成長したことも、優勝できた大きな要因だと思う。

J2降格という苦い記憶

忘れられない苦い記憶がある。

ただただ申し訳なく、自分の不甲斐《ふがい》なさを思い知らされた。あのときのシュートが入っていれば、あの試合に勝っていれば……いくら悔やんでも時間を巻き戻すことはできない。僕はそれを二度、経験したことがある。

J2降格――。

一度目は2003年のベガルタ仙台、二度目は2007年のサンフレッチェ広島だ。チームが降格する原因は一つじゃない。いくつもの、さまざまな原因が重なり、降格という最悪の結果を招いてしまう。失点の多さもその一つであり、自分も含めＦＷが得点できなかったことも一つだ。

自分が20得点を挙げているのに降格していたとすれば、それは他に大きな原因があるのかもしれないが、ベガルタ仙台のときは9得点、サンフレッチェ広島でも12得点だっただけに、ストライカーとしての得点力不足も、少なからず降格の原因の一つだったと思う。

ベガルタ仙台のときは、加入して1年目のシーズンだった。

僕はようやくコンスタントに試合に出場できるようになったばかりだった。三番手のＦＷとしてスタートしたが、主力だったマルコスのケガで、試合に出場するチャンスが巡ってきた。チームはシーズン序盤こそ好調だったが、しばらくするとなかなか試合に勝てなくなった。

自分が試合に出るようになってから勝てなくなったことはとても複雑だったが、レギュラーになったばかりで年齢も若かった。ＦＷとしての意見は言うことができても、チーム全体を見渡すような思考は持っていなかったのだと思う。キャプテンを務めていた森保（一）さんが、いつも難しそうにチームをまとめようとしていたことを覚えている。

今でもその日付をはっきりと言うことができる。２００３年11月29日。

僕らは大分トリニータと戦うため、アウェイに乗り込んだ。大分トリニータとはＪ１残留を懸けた直接対決だった。勝ち点差は２。勝利すれば逆転でのＪ１残留が決定する。

しかし、僕らは試合開始早々の12分に失点してしまう。試合会場だった大分スポーツ公園総合競技場がショートパスをつなげるようなピッチコンディションではなかったことが、自分のようなパスを引き出す選手にとっては致命傷だった。

ズデンコ・ベルデニック監督は前半30分に森保さんとテルさん（岩本輝雄）を一気に代えると、後半21分には僕も交代させられた。後半26分にネモ（根本裕一）のゴールで同点に追いついたがチームは逆転することができず、試合終了の笛とともに僕らのＪ２降格は決定した。

ベンチにいた僕は呆然として、自然と涙が流れてきた。

隣にはキャプテンだった森保さんがいたような気がする。力を振り絞って、遠い大分まで僕らを信じて応援に駆けつけてくれたサポーターたちが待つスタンドへと歩き、挨拶をすませたときは、ただただ申し訳ない気持ちでいっぱいだった。

アウェイだったため、僕らはすぐに帰り支度をしなければならなかった。ロッカールームに戻り、シャワーを浴びたときも悲しくて涙が止まらなかった。呆然としたまま着替えをすませ、バスに乗り込もうとすると、直前で呼び止められ、カメラとマイクを向けられた。

「来年はどうしますか？」

そう聞かれたので僕は迷わずに答えた。

「残ります！」

それは、21歳だった自分なりの責任感から出た言葉だった。

レンタル移籍の身で残るも何もないのだけれど、僕は一言だけそう言うとバスへと乗り込んだ。空港へ向かうバスの中では、誰も口を開かず、車内には静寂が流れていた。

かつてJ1昇格に貢献した選手ならばともかく、僕はチームがJ1に昇格してからチームに加わった。チームを降格させて、それで「はい、さようなら」というのではあまりにもムシがよすぎる。責任を果たしていないのではないか。そう考えていたからチームがJ1に残留しようと降格しようと、ベガルタ仙台に残ることは決めていた。

監督がイビチャ・オシムさんに代わった所属元のジェフユナイテッド千葉からは、戻ってくるように打診されていた。復帰するにあたっては、ベガルタ仙台よりも高い年俸を提示してくれた。

それでも僕の気持ちが揺らぐことはなかった。お金よりも自分にはここでやるべきことがある。それだけ責任を全うしたいという気持ちが強かった。

そして1年でJ1に返り咲いてやる。まだ若く、すべてを背負えていたわけではないが、そういう責任感でいっぱいだった。ジェフに対しては、レンタル移籍から完全移籍のお願いをしなければいけなかったため、申し訳なく思ったが、自分の決断は後悔していない。

2006年に、イタリアの名門ユベントスが審判の買収や脅迫行為により、クラブ史上初めてセリエBへ降格させられる処分を科されたことがある。そのとき、クラブの象徴だったアレッサンドロ・デルピエロやジャンルイジ・ブッフォンは、自分自身のキャリアを考え、どのような決断を下すのだろうと気になっていた。

だが、彼らはユベントスに残り、セリエBでプレーする道を選んだ。環境や年俸などもプロのサッカー選手である以上、大切ではあるが、ワールドクラスの選手が、自分と同じく、クラブへの愛や責任を選択したことはうれしかった。

自分のキャリアよりも、クラブやサポーターへの思いを選択してしまう自分に対して、プロのサッカー選手として甘いのではという声もあった。でも、彼らが同じ道を選択したことで、こういう考え方もプロとして間違っていない、そう確信することができたのだ。

チームには、「立ち返る場所」が必要だ

2007年にも、僕はサンフレッチェ広島で降格を経験することになる。

チームに加入して3年目。個人的には、エースとしての自覚や責任も意識するようになっていた。ただ、あのときのサンフレッチェ広島は、チームとして戦えていなかった。シーズン序

盤戦がよかっただけに、みんながみんな、そこにとらわれすぎてしまった。自分たちのサッカーができれば確かに勝てるかもしれない。だが、自分たちのサッカーができていないから、ここまで結果を残せていないのではないか。理想を追い求めるあまり、本質を見落としていたのだ。

さらにいえば、そのときのチームには、「立ち返る場所」がなかった。「理想」は目指す先の最上級にあるものだが、**「立ち返る場所」は底辺にある根幹とでも表せばいいだろうか。それはサッカーでいえば、戦術だ。**

今のサンフレッチェ広島では、例えば攻撃を仕掛けられなかった際に、一度、最終ラインまでボールを戻し、一から攻撃を組み立て直すという約束事がある。そうしたチーム戦術の基本となるものが、立ち返る場所である。チームが目指すサッカーの教科書のようなものだ。

それがなかったため、選手各々の頭はいつもそれぞれが描く理想のサッカーに支配され、お互いに別の絵を描いていた。確固たるベースがなければ、ゴールを奪いに行きたい攻撃陣と、ゴールを奪われないようにしたい守備陣の意見が食い違うのは必然でもあった。

結局、そのシーズン中にチームが一つになることはなかった。

リーグ最終戦を待たずに、J1・J2入れ替え戦に回ることが決定的になっていたチームは、コンディションを優先するため、最終節のガンバ大阪戦で若手を起用するなど、京都サンガとのJ1・J2入れ替え戦に向けて準備に入っていた。後にも先にもこのときだけだったと記憶しているが、ペトロヴィッチ監督は京都サンガとの一戦に向けて非公開練習を行った。

試合がナイトゲームということもあり、広島スタジアムで夜に練習したことを覚えている。チームの雰囲気は正直、いいとはいえなかった。加えて、すぐに試合が控えていたこともあり、選手間で話し合う機会もなかった。なぜ結果が出ないのか、原因を整理する時間も作れないまま、僕らは京都へと移動した。そのときのチームにはクオリティーの高い選手が揃っていたこともあり、しっかりやればJ1に残れるだろうという気持ちも少なからずあった。

迎えた第1戦では、アウェイゴールを奪ったが、結果的に1対2で敗戦した。J2を勝ち抜き、自信を持って挑んできた京都サンガとの、勢いの差を感じもした。試合前に、このメンバーならばやれるだろうという自信すら砕かれたのだ。

広島に戻っても、選手たちの口数は少なかった。マキ（槙野智章）や（柏木）陽介といった明るい性格の選手たちですら言葉少なく、チームの雰囲気は本当に沈んでいた。

ホームで迎える第2戦は勝たなければならなかった。これまでのキャリアであのときほど、試合をするのが怖いというか、サッカーをしたくないと思ったことはない。いつもなら楽しいはずの、待ち遠しいはずのキックオフが怖かった。それくらいプレッシャーを感じていたし、苦しかった。

第2戦は常に時計を気にしながら戦っていた。前半45分を0対0で終えたときは、あと45分しか残されていないと焦燥にかられたし、後半が始まってもチラチラと時計を気にしてしまい、それこそ5分置きに電光掲示版を確認していた。刻々と時間が過ぎていく中、焦りは増し、ゴールを奪えないまま、チームは、僕は試合終了のホイッスルを聞いた。

ピッチで降格の瞬間を迎えた僕は憮然《ぶぜん》とした。その気持ちは、ベガルタ仙台で降格したときとは、少し異なっていた。真っ先に考えたのは、スタンドで僕らの残留を信じて応援し、祈ってくれていたサポーターのことだった。

「今シーズンは全然楽しくなかっただろうな。チームが負ける姿ばかりを見続け、ブーイングばかりしなければならなかったんだから……」

そのときは、もうサポーターに何を伝えるか決めていた。

ベガルタ仙台のときは、直接、自分の口から伝えられなかった。だから、今度はテレビ画面を通してではなく、マイクを通してではなく、自分の生の声で直接伝えよう。試合終了の笛が鳴り、結果が決まったときから決めていた。

僕はサポーターのいるゴール裏へ行くと、声をふり絞り、こう言った。

「絶対に1年で戻ってくる」

ベガルタ仙台のとき以上に、エーストライカーとして、チームの中心選手として、降格した責任は自分にあると考えていた。応援してくれたサポーターやファンには責任はない。彼らを悲しませた責任を取ることこそが、自分のやるべきことだと考えていた。

試合後、兄の勇人が観戦に来てくれていたので、ともに食事へ行った。

その席では、勇人にすら「本当に広島に残るのか?」「自分のサッカー人生を考えたらJ1のチームに移籍したほうがいい」と言われた。

当時は日本代表にもコンスタントに招集されていて、僕は2010年南アフリカ・ワールドカップ出場を目指していた。1年間をJ2でプレーすることは大きなハンデになると心配してくれたのだ。それでも、自分の意志が変わることはなかった。

ゼロからチームを作ることの難しさ

ただ、サンフレッチェ広島が降格したときに、誰よりも早くチームに残る意思表示をしたのには理由があった。それはベガルタ仙台での経験があったからだ。

ベガルタ仙台がJ2に降格したときも自分はその場でチームに残ると宣言した。だが、キャプテンだった森保(一)さんはこのシーズンを最後に現役引退し、テルさん(岩本輝雄)は名古屋グランパスへ、山下（芳輝）さんは柏レイソルへと移籍していった。同じくレンタル移籍でプレーしていた同世代のネモ（根本裕一）も新天地を求めるなど、２００３年を主力として戦った多くの選手がチームを去ってしまった。

２００４年、Ｊ２を戦うことになったチームには、新しい選手も加わったが、その中で一からチームを作るのは、大変だった。

引き続き指揮を執ったズデンコ・ベルデニック監督が掲げるサッカーを理解するのに時間を費やしただけでなく、選手間のコンビネーションや連係も一から築かなければならなかった。このとき、監督が交代するよりも選手が大幅に入れ替わってしまうことのほうが、チームを作る上では大変だと感じた。

システムや戦術、さらには起用する選手を選ぶ監督が、どれだけ選手個々の特長を理解しているかは、もちろん大事だ。だがピッチでプレーするのは僕ら選手だ。その選手たちが、どれだけお互いを理解しているかで、システムも機能すれば、戦術もマッチする。

シーズン前から予期していた不安は見事に的中する。チームは開幕から大きく躓《つまず》き、優勝争いどころか、Ｊ1昇格レースに顔を出すことすらなかった。自分自身は、この年、Ｊ２で20得点を挙げているが、昇格争いのプレッシャーを感じることすらできず、シーズンを通して充実したとは決していえなかった。ベガルタ仙台で迎えた2年目は、チームとしての蓄積や継続の大切さを知ったシーズンだった。

だからこそ、2007年にサンフレッチェ広島でJ2に降格したときは、主力である自分が誰よりも真っ先に残留する意志を示そうと思ったのだ。

広島ビッグアーチでサポーターに挨拶をすませ、ロッカールームに戻った僕は、一人ひとりと言葉を交わし、「一緒にJ1に戻ってこよう」と懇願した。

先輩や後輩も関係ない。同世代のカズ（森崎和幸）やコウジ（森崎浩司）、年下であるハンジェ（李漢宰／現・FC岐阜）や（髙萩）洋次郎、年上の（服部）公太さんや（盛田）剛平（現・ヴァンフォーレ甲府）さんにも呼びかけた。

ミックスゾーンでもメディアに対して同じことを話した。ただ、「自分が残っても、みんなもいなければ戦えない」と話したのは、クラブに対して「頼みましたよ」というプレッシャーを掛ける意味合いもあった。

ただし、一人だけ声を掛けることができなかった選手がいた。それがコマ（駒野友一）だった。

サイドバックとして日本代表のレギュラー争いをしていた彼にとって、今が大事な時期であることは、近くで見ていた自分が一番、分かっているつもりだった。2010年南アフリカ・ワールドカップのメンバーに選ばれるためには1年も無駄にはできない。コマにとってどれだけ2008年の1年間が重要なシーズンになるかは分かっていた。

コマには、その後、天皇杯を戦っている最中にようやく声を掛けることができたが、「なんで降格が決まったとき、ロッカールームで自分には『一緒に残ろう』って言ってくれなかったのか？」と聞かれた。だが、彼の状況を考えれば、軽く口に出すことはできなかったのだ。

コマはワールドカップ出場を目指してジュビロ磐田に移籍したが、多くの選手が残留してくれた。

サンフレッチェ広島が1年でJ1へと返り咲けたのは、後押ししてくれたサポーターの力もあるが、降格してもなお多くの選手たちが残り、チームの根幹が崩れなかったからだ。そして、**J2で戦った1年間でチームとしての「立ち返る場所」を確立できた**ことが、ペトロヴィッチさんから森保さんへと監督が交代しても伝統として継承され、2012年のJ1優勝につながったのだ。

「悪いパス」に込めたメッセージ

サンフレッチェ広島には、将来が楽しみな選手が多い。ノリ（石川大徳）もその一人だ。

2010年のシーズン前のキャンプ。練習試合を終えた僕は、続けて行われたセカンドチームの試合をピッチサイドから眺めていた。すると一人の選手の動きに目を奪われた。とにかく運動量が桁違いだったのだ。まるで（長友）佑都（インテル）のようだとも思った。

それがノリだった。普段の練習では気がつかない、驚異的なスタミナが彼にはあった。

だが、彼は基礎的な技術というか、トラップやパスが少し雑だった。偉そうだけど、そこを改善すれば、もっと良くなるのにと感じた。明確な特長はある。それなのに、その特長を生かすための基礎技術が足りないのはもったいない。

そこで僕は考えた。

サンフレッチェ広島では、本格的な練習前のウォーミングアップとして、3グループに分かれてボール回しをする。いわゆる、「とりかご」というやつだ。

数人で円になり、中に鬼が入る。その鬼にボールを奪われないようにパスを回す。僕はとりかごをやるときに、常に石川と同じグループに入ることにした。そして、1年間、彼にわざと悪いパスを出し続けたのだ。

あまり露骨に質の悪いパスを出してしまうと、怒って他のグループに行ってしまうかもしれないので、なるべく気づかれないように、そのあたりはうまく調節しながら試みた。

難しいパスを出すと、思うようにトラップできないので、必然的にミスにつながり、鬼になってしまう。おそらくノリはイライラしていたと思うけど、難しいパスを止めるには、事前に準備し、予測しておかなければならないし、次のパスも考えておかなければならない。はたから見れば嫌がらせにも見えたかもしれないけど、結果、1年経つと、彼の基礎技術は格段に向上したと思う。

口で説明するのは簡単だ。でも言葉にしてしまうと、軽く受け流されてしまうこともある。だから、僕は言葉ではなく、行動した。**本当に大切なことは時として、口にするのではなく、態度で、行動で示す**のも一つの手段だと考えたからだ。

だからこそ、僕は何も言わず、メッセージを込めて1年間、悪いパスを出し続けた。彼がそれをどう思っているかは分からないけれど（笑）。

二人の若手を、居残り練習に誘った理由

J1で優勝した2012シーズンには、ノリ（石川大徳）とコウヘイ（清水航平）の二人と、かなりの回数の居残り練習をした。

コウヘイはチームがJ2に降格した2008年に加入した。高校時代にインターハイで得点王になった経歴があり、加入してきたときのポジションは自分と同じFWだった。シュートにパンチ力があり、J2では自分のアシストからリーグ戦初ゴールも記録した。ド

リブルも得意としていて、2シャドーの一角としても通用すると感じていた。

だが、サンフレッチェ広島の2シャドーは役割も多く、最も難しいポジションだ。彼はそこに割って入ることができず苦しんでいた。

そして、彼は左アウトサイドへのコンバートを決意する。サイドならば、持ち味であるドリブルは生きるが、守備もしなければならないし、クロスの精度も要求される。そこに関してはゼロから作り上げていかなければならない。プロになってからのコンバートはかなりの決断であり、決意が必要だっただろう。だから、少しでも彼の力になりたかった。

シーズン開幕前の宮崎キャンプだっただろうか。いつも練習を始める前に、グラウンドを軽く2周するのだが、僕は走りながらノリとコウヘイの二人に話しかけた。

「練習のあと、残ってやらない？」

二人は僕が声を掛けたことに少し驚いていたようだったけど、笑顔で快諾してくれた。

もともとコンディションを上げるために、自分が残ってもう少し練習をしたかったこともあるが、ノリは1年間、難しいパスを受け続けたことで、基礎技術が向上しただけでなく、準備する、考える力も身につけていた。今の彼ならば、僕のプレースタイルをより理解してもらえば、さらに頼もしい存在になるはずだ。

コウヘイには、クロスの質を高める練習になればと考えた。2011年は自分のコンディションが整わず、なかなか誘えなかったので、２０１２年のシーズンインを機に思い切って二人に声を掛けたのだ。

主に取り組んだのは、クロスの練習だ。コーチからパスを出してもらい、ウイングバックの彼らがサイドからクロスを上げて、僕がニアサイドやファーサイドに走り込みシュートする。ときにはコーチだけでなく、ＤＦのチバちゃん（千葉和彦）も練習に付き合ってくれた。

二人にはニアに自分が飛び込む場合は、この高さ、この球質、この強さで出してほしい。ファーに走り込む場合は、このスペースに、この角度でこの威力で出してほしいと、常に試合を想定してトレーニングを繰り返した。

自主的にやる練習なので遊び心も忘れてはいけない。それはセレッソ大阪時代のシュート練習で培ったものだ。トラップがうまくできれば、「今のトラップは１００点」、クロスの質が悪ければ「今のクロスは30点」といった具合に、点数をつけていった。

試合ではファーストタッチがものをいう。ファーストタッチがうまくいかなければ、ＤＦに寄せられ、クロスを上げるチャンスがなくなってしまうからだ。

彼らがチャンスをもらえるのは、途中出場からの15分や20分かもしれない。クロスを上げるチャンスは、おそらく1回か2回だろう。それを確実に生かさなければ、評価はされないし、次のチャンスも得られない。いくらトラップが１００点でも、クロスが30点では、試合で結果を出すことはできないし、逆にトラップが30点でクロスが100点でも、試合ではおそらくクロスを上げるところまで到達しない。

だからこそ、トラップもクロスも両方が100点になることを意識して練習した。当然、僕も採点されるので二人のトラップとクロスが100点でも僕がシュートを外せば、「寿人さん、今のシュートは20点ですよ!」と言われたりもした(笑)。

三人での居残り練習は、宮崎キャンプが終わってシーズンインした後も続けた。でも、僕は居残り練習に付き合ったとは微塵も思っていない。声を掛けたのはあくまで自分自身であり、ただ、彼らとともに居残って練習したまでだ。

サンフレッチェ広島は、完成された選手を獲得してチームを構成しているわけではない。ならば、所属する選手たちが個々に成長していくことで、チームを強化していくしかない。黙っていて勝手に若手が成長するならば、それにこしたことはないが、伝え、教えていくことも、経験ある選手たちの仕事ではないかと考えている。

居残り練習をともにした二人は、2012シーズン途中に出場機会を得ると、得点という形でもチームのJ1優勝に大きく貢献してくれた。コウヘイは第21節、アウェイの大宮アルディージャ戦の後半4分に、僕が蹴ったFKのこぼれ球を豪快にボレーで叩き込み、決勝点を挙げてくれた。ノリは、忘れもしない2012年11月24日、J1優勝を決めたセレッソ大阪戦で、右サイドをドリブルで駆け上がるとチームの4点目となるゴールを決めた。あれは彼にとってのJリーグ初得点だった。

キャプテンとして、あえてぶつけた苦言

J1のタイトルを獲得した2012年、僕らは天皇杯2回戦で地域リーグのFC今治と対戦した。その直後に首位争いをするベガルタ仙台とのリーグ戦を控えていたこともあり、森保(一)監督は、いわゆる主力選手を休ませ、若手選手たちを先発で起用した。

僕は試合に出たいという意欲が強かったため、先発で出場したが、チームはいきなり前半3分に失点してしまう。

DFとGKの間にロングボールを蹴り込まれ、DFが対応するのか、GKが対応するのかというところで両者の連係不足によって、ボールがこぼれたところを決められてしまった。声を掛ければ防げた失点であり、技術ではなく、意識の問題でもあると感じた。

試合の状況を考えれば、相手は僕らに対して、何とか1点を奪い、それを守り切って金星を挙げようとしてくる。それは試合前から分かっていたことでもあった。それだけに、開始早々に失点してしまったことで、ゲームは難しくなってしまった。

後半30分には自分のゴールで追いつくも、試合終了間際の後半42分に再び失点し、1対2でチームは敗れてしまった。

対戦相手には申し訳ないが、相手は４部リーグに相当する地域リーグのチームである。実力から考えれば、10回、20回試合をして1回負けるかどうか。その1回が、天皇杯という公式戦になってしまった。

不甲斐なさを感じた僕は、試合後、出場機会をもらった選手たちを鼓舞する意味も込めて、記者の方々にきついコメントを発信した。そこにはもちろん、自分自身も先発で出場しながら、結果を出せなかったことに対する自戒も含まれていたけれど。

「ああいう失点の仕方ならば、セットプレーからやられるほうがまだすっきりする。『だから試合に出られないんだ』と感じてしまう。一緒に戦えるクオリティーかというと、それにはクエスチョンマークがつくと思う」

試合に負けた悔しさもあったが、それ以上にサブのメンバーに気がついてほしかった。Ｊ１優勝に向けて、厳しい試合が続いていく中で、メンバーは次第に固定されていくだろう。出場機会をつかむには、カップ戦などの与えられたチャンスで結果を出していく以外には道はない。それを感じてほしかったのだ。だから僕はあえて心を鬼にして、厳しいコメントを残した。

「普段の練習から、常に試合を意識して、厳しさを持って練習しなければいけない。そういうイメージを持っている選手と持っていない選手が、はっきりしている。チャンスをモノにできず去っていくのか、それともプロでしっかりと結果を出していけるのか。こういうところでリーグ戦につながるプレーを見せない限り、サブの選手が試合に出るのは難しい」

選手の自分が言うべきことではないかもしれないとも思った。でも、キャプテンとして、プロサッカー選手の先輩として、言わずにはいられなかった。

試合に出場できていない選手は、どこかに不満を抱いている。その不満は、ピッチの上でぶつけるべきだ。**ピッチの上で自分の存在価値を表現しなければ、次のチャンスは巡ってこない。**だからこそ、その機会を生かそうとしなかった、生かせなかった、若手に発破を掛けたのだ。

それに練習のときから感じていることもあった。

プロになるまでサッカーを続けてきただけに、選手はみな漠然と練習していても、メニューをこなすことはできる。ただ、それは身体が勝手に動いているだけだ。頭では何も考えていない。

つまり、それは惰性でしかない。**監督から与えられたトレーニングメニューをただ漠然とこなすのと、これは試合の何をイメージしているのか、どういう状況に有効なのかを考えて練習するのとでは、吸収できる量や質が違ってくる。**

だが、僕がメッセージを伝えたかった選手たちには、それができていないように感じたのだ。

その若手は、ボールが来て初めてどうしようかと考えているように僕の目には映った。

あまりに厳しく言いすぎてしまったかなと省みて、その選手とは直接、話もした。そのときに言ったのは次のようなことだ。

「プロの世界で長くやれる選手と、3、4年で続けられなくなる選手というのはすぐに分かる。せっかくもらったチャンスで結果を出さなければ、次のチャンスがなくなってしまうのがプロの世界なんだよ。何のために苦しい練習をしてきたの？　何のために日々のトレーニングをやっているの？　すべては試合に出るためでしょう？　ここで結果を出さなければいつやるの？次のチャンスは簡単に来ないんだよ」

今まで、技術的に優秀だと感じる選手に何人も出会ってきたが、「もったいないな」と思うこともたくさんあった。自分自身も若いころは出場機会を得られずに苦しんできたし、瀬戸際のところでやっていた時期もあった。そのときに、何を考え、どう取り組んでいくかが大事なのだ。それに気づき、分かってほしかった。

初優勝の原動力となった「団結力」

サンフレッチェ広島がＪ１優勝を決めた２０１２年11月24日は、僕のサッカー人生において忘れられない一日になった。今までのキャリアが、苦しい思い出が多かっただけに、最高の瞬間だった。

セレッソ大阪戦で試合終了のホイッスルが鳴った瞬間は、正確にはまだ優勝は決まっていなかった。4対1で勝利したことで、自分としてはやり切ったという思いでいた。ベンチに目をやると控え選手たちが、2位のベガルタ仙台の試合結果に注目していた。そして、しばらくすると、チームメイトが飛び跳ねて喜び、ピッチになだれ込んできた。それで僕らのJ1初優勝が決まったことを知った。

もっと飛んだり跳ねたりして喜べるのかと思っていたけれど、そんな余裕はなかった。カズ（森﨑和幸）もトシ（青山敏弘）も言っていたけれど、優勝した瞬間、まるで走馬灯のようにこれまでのキャリアがフラッシュバックした。

2007年にJ2へ降格したこと、2008年1月に天皇杯決勝まで進出しながら敗れたこと。そして、2010年にナビスコカップ決勝で敗れ、それをベンチから見つめていたこと。2005年にサンフレッチェ広島に加入してから二度、優勝するチャンスはあったけれど、その度にチームはあと一歩のところでタイトルを逃してきた。その苦しかった日々、悔しかった思い出がよみがえってきて、涙が止まらなかった。

「今までやってきたことが報われたんだな」

それが最初に込み上げてきた感情だった。そして僕はピッチに崩れるようにうずくまり、喜びを噛みしめた。

僕らが優勝できた要因は幾つもあると思う。

一つはその年のチームスローガンにもなっていたように「団結力」があった。

2013年でサンフレッチェ広島に加入してから9年目になるが、2012年のチームは群を抜いてまとまりがあった。決してチームの選手層が厚いとはいえない中、優勝できたのはまさに一体感があったからだ。それは試合に出ている選手だけでなく、出場機会を得られていない選手の姿勢にあったと思う。

試合に出場している選手は、それほどストレスはない。だが、自分もジェフユナイテッド市原時代やセレッソ大阪時代はそうだったように、試合に出場できずにいる選手たちは、プレーできないもどかしさやストレスを抱えている。

彼らは、そうしたストレスを練習場のピッチで発散してくれたので、日頃から充実したトレーニングができていた。また、監督である森保さんはじめ、コーチングスタッフが、選手と満遍なくコミュニケーションを取ってくれていたので、モチベーションを保ちやすかったと思う。

いつも以上にトレーニングにおける質の重要性や、質の高いトレーニングが試合にもたらす影響を実感できたシーズンだった。

新しく加わった選手たちが、チームに足りなかったり、欠けていたりした部分を補ってくれたことも大きかった。

例えば、チバちゃん（千葉和彦）のキャラクターは、チームにものすごい元気を与えてくれたし、それがピッチ内外において、チームにプラスアルファを与えてくれた。

ナオキ（石原直樹）は自分だけでなく、周りの選手の特長もうまく引き出してくれた。シーズン途中で同じポジションのコウジ（森﨑浩司）が先発するようになってからも、ナオキがベンチに控えてくれているというのは頼もしかった。

サンフレッチェ広島は育成型のクラブであることは間違いない。

カズ、コウジを筆頭に、（髙萩）洋次郎、さらには移籍してしまったけど、（森脇）良太、マキ（槙野智章）や（柏木）陽介、それこそコマ（駒野友一）もこのクラブのユースで育った選手たちだ。これから先もたくさんの選手がユースで育ち、そしてトップチームに昇格していくと思うが、それだけでJリーグを戦えるわけではない。その足りない部分を外から来た選手たちが埋めることで、最後のピースがはまるのだ。

長いシーズンを貫き通した、ぶれない姿勢

２０１２年シーズンのターニングポイントはいくつもあった。特にシーズン中盤の９月は山場だった。首位対決として迎えたホームでのベガルタ仙台戦をはじめ、名古屋グランパス、サガン鳥栖との３試合で、９ポイント奪えたことは大きかった。

特に名古屋グランパス戦は試合終了間際のアディショナルタイムで、（森脇）良太が決勝点を決めた。ああいう劇的な勝ち方はチームの士気を一気に上昇させる。あのときは、見えない力が僕らに働いているのかな、天も僕らを後押ししてくれているのかなと感じた。もし、この３試合で勝ち点９を取れていなければ、おそらく10月はもっと苦労していただろう。

優勝を決めたセレッソ大阪戦は、２０１２年シーズンのベストゲームだ。

残り２試合になり、２位・ベガルタ仙台との勝ち点差は１。自力で決められる状況にあっただけに、変な計算をするのではなく、２試合とも勝って優勝を決めようという気持ちにチーム全体がなっていた。

試合前日には、森保さんがドーハの悲劇のときの話をしてくれ、個々がルーズボールやセカンドボールに対して責任を持ってプレーすることの重要性を説いてくれた。それによりピッチの上で各自が責任を持ってプレーしようという気持ちが改めて芽生え、その気持ちがまさに試合で出た。

前半17分の先制シーンは、攻守のバランスを取るために最終ラインまで下がり、フィールドプレーヤーとしては一番後ろにいるカズ（森﨑和幸）が一番前にいる僕へ、ミスを怖れずに縦パスを入れてくれたことで、チームの攻撃のスイッチが入った。中央を縦に通す縦パスを入れるのは本当に勇気がいる。奪われれば相手のチャンスになりかねないという状況の中で、あのピッチに立っていた最年長選手であるカズが思い切ったプレーをしてくれたことで、先制点も生まれたし、その後のチーム全体の積極性を高めてくれた。

トシ（青山敏弘）が決めた前半20分の2点目を生んだのは、そのシーズン、急成長した二人が絡んだものだった。左サイドのコウヘイ（清水航平）からのクロスを右サイドのノリ（石川大徳）が折り返し、走り込んだトシがゴール。まさに彼らが、クロスを供給するエリア、精度にこだわり練習を積んできた成果が出たゴールだった。プレッシャーのかかる大一番で、二人が大胆かつ積極的なプレーをしてくれたことは、居残り練習仲間としては頼もしく感じた。

あの試合はまさに、サンフレッチェ広島の目指してきたサッカーの集大成というか、すべての攻撃パターンが詰まっていた試合だった。プレーしている僕は優勝へのプレッシャーなど微塵も感じず、あの試合を楽しんでいた。あっという間の90分間で、試合終了が近づくにつれて、「この時間がずっと続けばいいのに」と思いながらピッチに立っていた。

シーズンを振り返ればリーグ戦では8敗を喫しているし、ナビスコカップを含めれば連敗もしたし、天皇杯では2回戦で敗退した。決してリーグ戦でも独走していたわけではない。

しかし、森保さんは、勝っても負けても態度が変わることがなかった。勝利した試合の後もただ賞賛するのではなく、修正すべきところに僕らの目を向けさせ、敗れた後も同じく負けたからといって問題を指摘するだけではなく、良かったところは褒め、称えるべきところは称えてくれた。

その**ぶれない姿勢は、シーズンを通してチームにポジティブな姿勢となって表れた**ように思える。僕らも連勝したからといって、浮つくこともなく、また敗れたからといって大きく失望することもなく、一定の精神状態で次の試合を迎えられた。

それがシーズン終盤の厳しい試合を乗り切らせ、Ｊ１優勝という結果に結びついたのだ。

第4章

プロサッカー選手という生き方

これまでのサッカー人生で一番迷ったとき

これまで、自分のキャリアで後悔したことは一度もない。もしタイムマシンに乗って過去に戻ることができたとしても、僕はセレッソ大阪への移籍を決断するし、J2への降格が決まったときもベガルタ仙台に残るだろう。サンフレッチェ広島でJ1・J2入れ替え戦に敗れた後も、チームへの残留を宣言するだろう。

ただ、一度だけものすごく考え、迷ったことがある。

きっかけは2003年11月、ベガルタ仙台にいてJ2降格が決まったときのことだ。しばらくすると知らない番号から携帯電話に着信があった。電話に出てみると、声の主はサンフレッチェ広島の織田《おりた》秀和強化部長だった。

「監督の小野（剛）がぜひ、佐藤くんに広島でプレーしてほしいと言っているのだが、考えてもらえないだろうか」

J1のチームから評価されたこと、育成年代の日本代表でお世話になった小野さんが自分をほしがってくれていることは素直にうれしかったが、すでに翌シーズンもベガルタ仙台でプレーすることを決意していた自分は、その場でオファーを断った。

２００４年、Ｊ２を戦っていく中で、いつしかサンフレッチェ広島からのオファーのことは忘れていた。Ｊ２終盤戦に、当時、サンフレッチェ広島のコーチをしていた影山雅永さんが2試合ほどベガルタ仙台の試合を見に来ていたが、そのときも「なんでサンフレッチェ広島のコーチが視察に来ているのだろう」くらいにしか考えていなかった。

だから、その後に織田さんから再び電話が掛かってきたときは驚いた。サンフレッチェ広島は2年連続で僕にオファーを出してくれたのだ。このときは、織田さんが仙台まで来てくれたので、会うことになった。

中華料理の円卓を囲み、食事をしながら、織田さんはサンフレッチェ広島がどういうチーム作りを進めているか、その中で僕にどういう役割を期待しているかを、ボードを使って細かく説明してくれた。実際に監督である小野さんも電話で、織田さんの説明にさらに解説を加えてくれた。

「他のポジションのクオリティーは高いけれども、うちには純粋に得点が奪える選手がいない。ゴールを決める能力に長《た》けている、特化している選手がほしかった。その役割を君に担ってもらいたい」

何より、2年連続のオファーというのがうれしかった。ストライカーならば誰でもいいというわけではなく、佐藤寿人というストライカーを必要としてくれていると感じたからだ。

それでも……J1昇格という責任も果たせていないのに、仙台を出ていくわけにはいかない。サンフレッチェ広島からのオファーを断ろうと考えたとき、所属事務所の社長にこう言われた。

「お前が思っているほど、クラブはお前のことを思っていないかもしれないぞ」

その言葉にハッとさせられた。自分はベガルタ仙台に骨を埋めるつもりでプレーしているが、ケガなどでプレーできなくなれば、いつまでいられるかは分からない。単純と言われればそれまでだが、ときに僕は物事を真っ直ぐ見すぎてしまう傾向がある。

そして、まずはサンフレッチェ広島の環境を見てみようという考えに行き着いた。どんな環境や施設で練習しているのか。サッカー選手にとって、1年間、練習するグラウンドやクラブハウスはスタジアム以上に重要だ。決断するのは、それからでも遅くないだろう。ベガルタ仙台の強化部にその旨を伝えた。

それは自分の中でちょっとした賭けでもあった。もしもベガルタ仙台が自分を大切な選手だと考えていれば、他のクラブの練習場を見学したいと言っても許可しないのではないか、引き止めてくれるのではないかと思っていたからだ。しかし、ベガルタ仙台からはあっさりとオーケーが出た。

その時点で所属事務所の社長に言われた一言が頭を過《よ》ぎった。J2に降格したタイミングで僕はジェフユナイテッド市原からベガルタ仙台へ完全移籍した。当時の移籍ルールでは、サンフレッチェ広島に移籍すれば、ベガルタ仙台にはかなりの額の移籍金が入る。どこか、自分はお金と天秤《てんびん》にかけられているような気がした。

広島ではチーム関係者と食事し、翌日、練習場へと連れて行ってもらった。スカウトの足立修さんが車で迎えに来てくれたのだが、広島市内のホテルから出発し、かなり走ってもなかなか練習場には到着しない。今はもう慣れたが、1時間くらい走ると、ようやく吉田サッカー公園に到着した。車から降り、真っ先にグラウンドを見に行った。

そのときの光景は今も忘れることができない。

2面ある天然芝のグラウンドが、とても綺麗だったのだ。

気温が低い仙台のグラウンドは、移転したばかりのため芝が根付いておらず傷みがちで、冬場の状態は特に良くなかった。だが、吉田サッカー公園は、冬だというのに青々とした芝が綺麗に生え揃っていた。

「ここで練習したら、うまくなるだろうな」

その場で僕はスカウトの足立さんに返事をした。

「お世話になります」

散々悩み、考えたが、移籍を決めたのは、吉田サッカー公園の芝だった。初めてあの青々とした芝生を眺めたときの感動は今でもよく覚えている。ここで練習したいと強く思ったのだ。

帰りの車では、もうサンフレッチェ広島でプレーする自分をイメージしていた。帰りに家電量販店に寄り、テレビや洗濯機など、家電製品のパンフレットをもらって帰った。住まいもその日のうちに決めてしまった。

レンタル移籍を決断したときも、降格してすぐにチームへの残留を宣言したときも、決断するのに時間はかからなかった。ベガルタ仙台からサンフレッチェ広島への移籍が、唯一迷い、悩んだ決断だった。

サポーターへの恩返し

仙台に戻ると、広島へ行くまでの間に移籍会見を開いたり、引っ越しの準備をするなど、慌ただしい日々を過ごした。

ロッカーに置いてある荷物をまとめるため、最後にクラブハウスを訪れた日は本当に悲しかった。僕がベガルタ仙台のクラブハウスに来るのがこれが最後だと知ったファンの人たちが、練習場までお別れを言いに駆けつけてくれた。荷物を運び終えて車に乗り込むと、涙が止まらず、僕はしばらく駐車場で泣いた。

ジェフユナイテッド市原からセレッソ大阪へ移籍するときは期限付きだったこともあり、クラブハウスに見送りに来てくれる人はいなかった。セレッソ大阪からベガルタ仙台に移籍するときも、チームに貢献できなかった自分を見送りに来てくれる人はいなかった。

こんなにも自分はサポーターに愛されていたんだと、改めて実感した。

エンジンをかけ、車を発進させた後も、ボロボロと泣き続ける僕の姿を見て、助手席に乗っていた妻は「そんなに嫌だったら移籍しなければいいのに」と思ったそうだが、僕にとっては、それだけ辛い決断だった。サポーターは新幹線のホームまで来てくれていた。最後まで手を振り、広島へ旅立つ僕を見送ってくれた。

ベガルタ仙台では自分がプロサッカー選手であること、そしてプロサッカー選手が人々に夢や希望を与える職業であることを教えてもらった。

それまでは、サッカー専用スタジアムや満員のスタジアムでホームゲームをした経験がなかった。初めて公式戦で仙台スタジアムに入ったときの何ともいえない感覚は忘れることができない。張り裂けんばかりの歓声の大きさに感動し、鳥肌が立った。

その感覚は今も身体に残っていて、サンフレッチェ広島でプレーするようになった今も、あのスタジアムに行くと武者震いする。町中を歩いていても、まるでプライベートがないと感じたほど、多くの人に声を掛けられ、励まされた。それが自分にプロとしての自覚を芽生えさせてくれたのだ。

サンフレッチェ広島のサポーターにも、ずっと支えてもらってきた。

2005年に僕が加入してから、サポーターのみんなには辛い思いばかりさせてきた。2007年にはJ2降格という結果を招き、悲しませた。2010年にナビスコカップ決勝に進出したときも、僕はケガから復帰したばかりでピッチに立つことはできなかったが、延長戦でジュビロ磐田に敗れ、大きく落胆させた。これまでずっと、タイトルを獲得することができず、みんなを喜ばせることができなかった。

それだけに、2012年にJ1で優勝したことで、少しだけ今までの恩を返せたのではないかと思う。ただ、まだ一度でしかない。これまで悔しい思いばかりさせてきた分、これからもタイトルを獲得して、恩を返していければと思う。

ディナモ・ザグレブへの移籍を断った理由

あれは2010年7月のことだった。試合を翌日に控えた練習後、僕はミハイロ・ペトロヴィッチ監督に呼ばれ、こう告げられた。

「ディナモ・ザグレブがお前をほしがっている」

突然のことに僕は驚いた。すると、ペトロヴィッチ監督は続けた。

「私としてはチームに残って一緒にやってもらいたい。ただ、海外に挑戦できるチャンスはそう簡単にはないだろう。だから、お前の気持ちを尊重したい。ただし、決断するまでの時間がほとんどないんだ。次の試合の翌日までに決めてほしい。チームにとっても、お前にとっても大事なことだから、しっかり考えて判断してくれ」

ディナモ・ザグレブはクロアチアの強豪で、1999年にはカズさん（三浦知良／現・横浜FC）も所属していた名門クラブだ。

ペトロヴィッチ監督がサンフレッチェ広島を指揮するようになってから、チームはシーズン前のキャンプをトルコで行うようになっていた。そこでは、ウインターブレイク中のヨーロッパのクラブチームと練習試合をしたり、日本では経験できない充実したトレーニングを積んだ。ディナモ・ザグレブとも対戦したことがあり、そのときの僕のプレーを評価してくれたのだ。

与えられた時間は3日しかなかった。短い期間の中で、僕は本当に自分自身のことを考えた。相談できる人には相談した。その多くが「チャレンジしてみれば」と海外挑戦に前向きなアドバイスをしてくれた。

子供のころからヨーロッパのサッカーが好きでテレビでよく見ていた。プロになってからも勉強も含めて、可能な限り見るようにしていた。そのときには、「いつかはサッカーの本場でプレーしてみたい」と思うことも少なからずあった。

だけど、サンフレッチェ広島を離れてまで行きたいのかと聞かれれば、答えは「ノー」だった。

返事をするまでには3日間の猶予をもらったが、本当は最初から答えは決まっていた。

今では30歳を過ぎ、自分もプロサッカー選手としての終わり方を考えるようになった。いつかはユニフォームを脱ぐときも来るだろうし、その日が年々近づいてきていることも分かっている。ただ、現時点では、このクラブで、サンフレッチェ広島で、自分のすべてを全うしたいという気持ちが強い。

自分が憧れ、尊敬するフィリッポ・インザーギが、2011／12シーズンを最後に現役を引退したときも考えさせられるものがあった。

インザーギも最後の2シーズンは、出場機会が激減していた。ミランでレギュラーとして試合に出るのは難しかったかもしれないが、他のクラブに移籍すれば、まだまだ現役を続けることはできたはずだ。

だけど、インザーギはミランから契約延長のオファーがなかった段階で、現役引退を選んだ。そのとき、彼の決断を自分自身に置き換えて、「自分ならばどうするだろう」と考えた。

今はその決断を迫られているわけではないが、やっぱり、クラブを変えて、例えばカテゴリーを下げてまでプレーを続けるのかと考えたとき、その考えには至らない。

そうなってみないと分からないことだらけだが、身体がぼろぼろになるまで現役で続けようとは思っていない。一番の理想は、シーズンが始まる前に、「今シーズンで引退します」と宣言して、悔いのないシーズンを過ごすことだ。ミランで活躍したパオロ・マルディーニのように、引退すると宣言はしたが、クラブから延長を打診されて、さらに数年続けるというのは、さらに贅沢な理想だ（笑）。

なぜ、自分の中で、広島という町が、サンフレッチェ広島が特別なのかは分からない。ただ、若いころにいくつも移籍を経験して、一つのクラブで長くプレーし、大きなものを残していく選手たちへの憧れがあったのかもしれない。

サンフレッチェ広島でプレーして今年で9シーズン目を迎える。まだJ1優勝という一つのタイトルしか残せてはいないが、自分がプレーした時間の分だけ、このクラブに何かを残せればと思う。

それこそ、ここでプレーするまで、広島には縁もゆかりもなかったが、今では、試合後に空港や駅に着いたときは「帰ってきたな」と安堵《あんど》感を覚える。それは生まれ育った埼玉や思春期を過ごした千葉では、もう感じることはない感情だ。

ディナモ・ザグレブへの移籍を迫られたとき、わずかな時間だったが、自分自身のキャリアを振り返り、見つめ直す機会ができたことは本当に良かったと思っている。**自分がどう思って**

いるのか、どう考えているのかを整理することで、偽りのない本心が見えてくる。みんなも、もし決断を迫られたり、道に迷ったときは、自分自身を振り返ってみるといいかもしれない。

常に「見られている」という意識を持つ

サンフレッチェ広島では、チームの規律として、ジャージやスウェットで練習場に来ることを禁止している。半ば強引にだけれど、僕が選手間のルールとして取り入れたのだ。今では、仮に練習場にジャージやスウェットで来たら、選手会に罰金を払うことになっている。若手には口うるさい先輩だなと思われているかもしれない。

そういう考えに至ったのには、あるきっかけがあった。

あれはベガルタ仙台に移籍したばかりのころだ。

2002年にJ1初昇格を果たし、J1で2年目を迎えた仙台には、ちょっと遅れたJリーグブームが到来していて、それまでプレーしたジェフユナイテッド市原やセレッソ大阪では感じたことのないサッカー熱を町から感じた。町を歩けば、「頑張ってね」と声を掛けられ、食事に行けば「応援しています」と後押しされる。自分たちへの期待を肌身で感じた。

だけど、当時の僕は、まだプロ意識に欠けていた。

ある日、練習場に行くと、先輩である財前（宣之）さんに呼び止められた。
「サッカー選手は、ただプレーしていればいいわけじゃない。子供たちに夢を与える職業でもあるんだぞ。だから、練習場に来るときもピシッとした格好で来い。別にスーツで練習に来いって言っているわけじゃない。でも、子供たちが見て『格好いいな』『サッカー選手になりたいな』って思われるようにならないとダメだ」

僕はそれまで練習場に行く格好についてなど考えたこともなかった。だから、その日もジャージを着て練習場に行っていた。プロのサッカー選手として「見られる」という意識が欠けていたのだ。

財前さんに指摘されてから、僕はジャージで練習場に行くことはなくなった。

家と練習場の往復だけならまだいい。でも、その道中ではコンビニに行くかもしれないし、本屋にだって立ち寄るかもしれない。そのときスウェットを着込み、サンダルを履いただらしない姿を子供たちが見たらどう思うだろうか。

サッカー選手は、サッカーをすることで生活しているけど、そこには少なからずファンに夢を与えるという部分も含まれている。いついかなるときも、子供たちからの憧れの存在でいることで、サッカー選手というステイタスも向上していく。

大先輩であるカズさん（三浦知良）はいつもスタイリッシュな格好をしているけれど、きっと、それは自分のためだけではない。

（本田）圭佑（CSKAモスクワ）が両腕に時計をしているのを初めて見たときは驚いたけれど、彼が真っ白なスーツを着て、真っ赤なフェラーリに乗って空港に現れるのも同じだ。

一人はプロとしての自己プロデュースだけでなく、おそらくサッカー選手全体のことを考え、行動しているのだろう。メディアに取り上げられ、サッカーがさらに認知されることによってサッカー選手の地位はさらに向上する。

決して高価なものを身につけろというわけではない。格好に関していえば、清潔感のある服装であればいい。ただ、**何事に対しても常に高い意識を持つこと、プロ意識を持つことが、自分を向上させる**ことにつながる。そのプロ意識は、確実にプレーにもつながっていくはずだ。

なぜミスが起きたのか明確にする

これまで書いたように、僕はプロになってすぐに出場機会を得られたわけではない。若いころはベンチから戦況を見つめ、さらにはスタンドから試合を観戦することのほうが多かった。

若いころの自分と今の自分を比較すると明らかに違うのが、ミスへの解釈だ。

今も昔も、試合でも練習でも必ずミスはする。一つもミスをせずに試合を終えることも、練習を終えることも皆無に等しい。

だが、ユースのころは、起きたミスに対して、「なぜ自分は今、ミスをしたのか」を明確にすることなく練習を終えてしまっていた。一つひとつのプレーに対して、自分なりに検証し、方法を考え、整理しない。だから、ミスをしても次に同じ状況になったときに同じミスを繰り返してしまう。

幸か不幸か、トップに上がってからの自分には時間があった。試合に出られず、ベンチからチームメイトのプレーを眺め、スタンドからチーム全体を見渡す時間がたくさんあった。そのときに嫌というほど、考え、悩んだ。それを乗り越え、上積みしていかなければ、選手としての成長は止まってしまっていただろう。

試合に出られず、腐ってしまうのか、それとももがき続けるのか。それはその人の気持ち次第でもある。だが、そこで考え、悩み、答えを模索するからこそ、再びチャンスは巡ってくるのではないだろうか。

これまで多くの選手を見てきたし、自分にもさまざまな場面があった。ただ、**13年間、プロサッカー選手としてプレーしてきて思うのは、チャンスは平等に転がっている**ということ。転がってきたそのチャンスを拾うのか、それとも逃してしまうのかは、苦しみ、もがいているときの時間の使い方にあるのではないかと思う。

世界との差を縮めるために取り組んだ「体幹トレーニング」

実は、サッカー選手の身体能力はそれほど高くない。

突然の発言で驚くかもしれないけど、他の競技のスポーツ選手のほうがアスリートとしての能力は備わっている。それを痛感させられる出来事があった。

ドイツ・ワールドカップが行われた2006年のシーズンオフに、TBSで放送されていた『スポーツマン№1決定戦』という番組に出演させてもらう機会があった。そこで僕はプロ野球をはじめ、他競技の選手たちと競うことになった。ケガの恐れがある種目は参加を回避したが、いくつか出場した種目は、散々な結果に終わった。

3つの種目をタイムトライアルする『BURN OUT GUYS』では、ほとんどやったことのない雲梯《うんてい》があったこともあり、参加全選手中最下位という不名誉な記録を残してしまった。スピード系の競技でいえば『BEACH FLAGS』でも地面が柔らかいこともあって瞬発力を生かせず、好成績が出せると意気込み臨んだ『SHOT-GUN-TOUCH』でも当時のサッカー選手最高記録を出したが、全体で見れば、上には上がたくさんいた。

とにかく圧倒されたのは、他の競技の選手たちの身体能力の高さだった。

アメリカンフットボールの選手は、僕らサッカー選手よりも体重が重いのにスピードがある。力強い速さとでもいえばいいだろうか。後に4度の盗塁王を獲得するプロ野球の片岡易之(現・治大)選手のスピードにも驚かされた。

他には1から25までランダムに出てくる数字を早押ししていく『25』では、次々にボタンを押していくF1レーサー・井出有治さんの動体視力にビックリした。おそらく僕がアメフトをやれば吹っ飛ばされるだろうし、プロ野球で盗塁を狙っても、たぶんキャッチャーに刺されるなと思った(笑)。大会の歴代№1を見ても、どの種目にもサッカー選手の名前がないように、他の競技の選手のほうがアスリート性は高い。

収録は朝から深夜までと長く、『SHOT-GUN-TOUCH』の撮影が始まったときには、すでに深夜に差し掛かっていた。ものすごく眠かったけど、あの番組に出演させてもらったことで、サッカーをするためのテクニックを磨くだけでなく、アスリートとしてのフィジカルを高めるトレーニングも取り入れなければと自覚することができた。

さらにフィジカルを強化しようというきっかけを与えてくれたのが、岡田(武史)さんの言葉だった。急性脳梗塞で倒れたイビチャ・オシムさんの後を継いで日本代表監督に就任した岡田さんは、ワールドカップのベスト4を目指していく中で、僕ら選手に向かって、こう言葉を投げかけた。

「日本代表として活動できる時間は限られている。選手各々が技術を上げることはもちろんだが、それ以外の部分でも各々がクラブにいる時間でトライしてほしい」

そして、選手たちに1本のトレーニングDVDが配られた。

2006年に初めて日本代表に招集され、ジーコさん、オシムさんの下でプレーする機会に恵まれたが、日本代表で技術面ではなく、フィジカル面でアプローチをされたのは初めてのことだった。

おそらく、あのフィジカルトレーニングに励んだ当時の日本代表選手はみな、その後のキャリアに大きな影響を及ぼしているはずだ。

結果的に僕は2010年南アフリカ・ワールドカップのメンバーに入ることはできなかったけれど、DVDを渡されたその日からフィジカルの強化に力を入れてきた。だからこそ、2012年にJリーグの得点王になることができたし、9年連続での二桁得点を記録できていると思う。

当時の日本代表が参考にしていたのは、ドイツ代表が取り入れ、結果を残していた「アスリートパフォーマンス」のトレーニングだった。

当時、ドイツ代表の監督を務めていたユルゲン・クリンスマンがアメリカでそのトレーニングに出会い、ドイツ代表に持ち込んだものだ。そして、自国開催だった2006年のドイツ・

ワールドカップで3位の好成績を収めたことで、そのトレーニング方法は一気に注目を集めていた。

細かく話すと長くなるが、いわゆる「体幹」を鍛えるのがその主旨になる。

「ドローイン」と呼ばれているのだが、普段からもお腹を凹《へこ》ますことで、背筋が伸び、正しい姿勢を維持できる。最初は慣れるまで大変だったけれど、続けていけば自然とできるようにもなる。正しい姿勢を保つことは、試合中のあらゆるプレーを正確にし、より選択肢の幅を広げてくれる。また、ダンベルを持たずに、自分の体重だけでできるメニューが多いのも、このトレーニングの魅力だ。

「アスリートパフォーマンス」には、ドイツ代表も担当した日本人の咲花正弥さんがいるということもあり、僕は2008年のシーズンが終わると、高柳一誠（現・ヴィッセル神戸）とサンフレッチェ広島のトレーナーと一緒に、施設があるロサンゼルスへと飛んだ。

短期間ではあったが、そこで学んだ日々は、その後の自分に大きな変化をもたらした。1日や2日、それこそ1カ月やそこらで効果の表れるトレーニングではないが、半年くらい経つと試合や練習で簡単に転ばなくなった。

例えば、一番分かりやすいのは、シュートを打つときに身体のバランスを崩して枠を逸《そ》れてしまうことがある。だが、**体幹を鍛え、正しい姿勢が保てるようになってからは、シュートを**

打つときに身体の軸や芯がぶれることなく、ボールを捉えることができるようになった。

2011年6月11日、J1第14節のアルビレックス新潟戦で決めたシュートは、まさに体幹トレーニングの効果を実感した得点だった。

中盤で（髙萩）洋次郎が相手からボールを奪取し、ノリ（石川大徳）に渡すと、僕はDFと駆け引きしながら、ピッチ中央からやや左サイドにポジションを移した。ゴール前に走り込みながら、ノリからのパスを受けると、ファーストタッチでシュートを放った。

左サイドから左足でシュートを放つには、身体を少しひねるように蹴らなければならない。時間は試合終了間際の後半44分。疲れていて、体力もほとんど残っていない。だが、その状況の中、インパクトする瞬間はしっかり身体の軸が残っていたため、確実にゴール右スミを狙って蹴ることができた。シュートした後はさすがに倒れたけど、体幹を鍛える前だったら、まずボールが枠に飛んでいなかっただろう。

最近はみんなから身体が大きくなったと言われるけど、それも体幹トレーニングの効果だろう。特にケツが大きくなったと言われるが、そういえば「アスリートパフォーマンス」で「ケツはケガしない」と、言われたことを思い出す。身体の軸を強くするため臀部《でんぶ》を強化してきたこともあるかもしれない。

世界との差を縮めるために、日本代表で配られた体幹トレーニングの映像は、今はiPho

neに移し替え、いつでも見られるようにしている。

日本代表での苦い経験と、これからの目標

J1の優勝争いをしていた2012年シーズン途中に、約2年8カ月ぶりに日本代表に招集された。

日本代表が、フランス、ブラジルといった世界の強豪とアウェイで戦う10月の欧州遠征に呼ばれたのだ。（前田）遼一がケガで離脱したことによる追加招集だったけれど、とても光栄だった。

クラブから電話が掛かってきたのは、10月9日の夜だった。リーグ中断期間だったこともあり、つかの間のオフを過ごしていた僕は、ちょうどレストランに入ろうとしていた。オフだし、いつも我慢しているワインを少しだけ飲もうかな。そんなことを考えていたら携帯電話が鳴った。

「日本代表に追加招集されたから、急いで準備してくれ」

慌てて日本代表のマネージャーに電話すると、その日のうちに福岡まで移動してくれという。スパイクも吉田サッカー公園のクラブハウスに置いたままだし、荷物も準備していなかっただ

けに、さすがにその日のうちの移動は無理だという結論に達し、翌日の早朝に広島空港から成田空港へ飛び、そこからパリを目指すことになった。

日本代表に選ばれることはないだろうと思っていただけに、アルベルト・ザッケローニ監督に選出してもらったことは、素直にうれしかった。

初めて日本代表に選ばれたのは、ジーコ・ジャパンのときだった。ドイツ・ワールドカップの4カ月前。2006年2月10日、サンフランシスコで行われたアメリカ代表との試合が、僕にとっての日本代表デビュー戦だった。

タツさん（久保竜彦／現・廿日市《はつかいち》FC）に代わって後半から出場し、45分間、プレーした。残念ながらその試合で得点を挙げることはできなかったけれど、ジーコさんは、アメリカ代表戦から数えてメンバー発表までの7試合のうち6試合で出場機会を与えてくれた。FW2枚に代えて、FWを2枚投入するなど、交代が明確で、先発できなかったとしても15～20分はプレーする時間を与えてくれた。

僕はアジアカップ予選の対インド戦で途中出場から代表初ゴールを記録し、親善試合のエクアドル戦でも後半40分に決勝点を決めることができた。6試合に出場して2得点。これがそのときの僕にできた精一杯のアピールだった。もう2点くらい取れていれば、もしかしたら最終メンバー入りもあったかもしれない（笑）。

自分自身、与えられた時間の中で満足のいく結果を残せていなかったので、メンバー発表前から選ばれないだろうことは分かっていた。でも、ジーコさんには感謝している。起用してくれたからというのではなく、ストライカーとしての評価を感じながらプレーすることができたからだ。だから、2006年のときはやり切ったというか、十分にチャンスを与えてもらって、自分がそこで結果を残せなかったのだ、と納得できた。

2010年南アフリカ・ワールドカップを目指すチームでは、難しさを感じた。イビチャ・オシムさんから岡田（武史）さんに監督が代わり、ワールドカップベスト4進出を目標に掲げてスタートしたけれど、準備期間はうまくいかず、僕自身も結果を残すことはできなかった。

2010年2月のベネズエラ戦、続けて地元開催の東アジア選手権にも招集された。ベネズエラ戦も、そして東アジア選手権もベンチスタートだったが、いつでも出場できるようにと最高の準備を心がけていた。

東アジア選手権の韓国戦では、前半のうちに（田中マルクス）闘莉王（名古屋グランパス）が退場になり、一人少ない10人での戦いを強いられた。1対3で負けていたこともあり、勝ちに行くために攻撃陣が呼ばれるだろうと思っていたが、なかなか呼ばれず、僕がピッチへ送り出されたのは、後半37分だった。僕はゴールという結果を残すことができずに終わった。

そして、その韓国戦が、今のところ僕にとって最後に日本代表で出場した試合だ。31試合に出場して4得点。うち先発出場したのは2試合のみ。正直、消化不良という思いが強い。

ザッケローニ監督が就任して初めて招集された欧州遠征でも、試合に出場する機会はなかったが、ヨーロッパでプレーする（長友）佑都や（本田）圭佑、（内田）篤人（シャルケ04）や（川島）永嗣（スタンダール・リエージュ）たちと練習する中で、彼らの逞しさと自信にあふれたプレーに刺激を受けた。自分は海外でプレーしているわけではないけれど、国内でやっていても成長できるところを示そうと思った。負けてはいられないと。日本代表では多くの刺激を受けることができる。

現役選手である以上、日本代表は目指していく。でも、クラブでの活躍があってこその代表だと考えているし、クラブでの活躍なくして代表入りはない。

そして、自分はやはりストライカーだ。サイドや2列目にポジションを移してまで日本代表でプレーしたいとは思わない。他のポジションでプレーするのであれば、それこそ他に適している選手はいくらでもいる。あくまで自分はストライカーであり、ストライカーとして勝負したい。それだけは、譲れない。

ギランバレー症候群との先の見えない闘い

僕は、2002年に、原因不明の病に悩まされたことがある。

当時所属していたセレッソ大阪は結束力を高めるため、奈良でキャンプを張った。真冬だったこともあり、キャンプ地はものすごく寒く、案の定、戻ってくると風邪をこじらせてしまった。

オフが明けて風邪も治り、練習場に行くと、どうも身体がおかしい。練習前にチームメイトとボール回しをしたのだが、膝に力が入らないのだ。

「なんか、おかしいな」

ボールをうまく蹴ることができない。そう思いながらもウォーミングアップを兼ねてチーム全体でグラウンドを走ったが、そのときも、うまく膝を前に運ぶことができなかった。病院に行き検査をしてもらったが、明確な病名は分からない。

いくつかの病院で診断してもらったが、ある担当医に、おそらくギランバレー症候群の初期症状ではないかと伝えられた。

聞いたこともない病名に僕は不安を覚えた。思い起こせば、奈良で行ったキャンプからクラブハウスに到着し、バスを降りようとしたときから、膝に力が入らなかった。

症状は次第に重くなった。ボールを蹴るどころか、階段の上り下りも辛くなった。足だけでなく、手にも症状が出はじめ、食事の際に茶碗を持つことすらできなくなった。手に力が入らず、握力が出ない。茶碗を持ち上げようとしても、重くて持ち上げられないのだ。だから、しばらくは、茶碗をテーブルに置き、顔を近づけて、何とか食事をした。

「もうサッカーができなくなるんじゃないか」

ものすごく怖かった。この先、二度とボールを蹴ることができないのではないか。頭の中が、不安でいっぱいになった。

新聞記事になり、心配した勇人やジェフユナイテッド市原の関係者から連絡をもらった。

症状についてはいろいろな説があり、明確な原因は分からない。

御殿場で行われたキャンプにも同行したが、当然ながら別メニュー。いつ回復するかも分からない不安を抱えながら、リハビリをこなしていくのは精神的にも応えた。

周囲を心配させないために、当時のブログには、リハビリを兼ねて「ウイイレ」（ウイニングイレブン）をやっていますと書いたが、本当は不安でいっぱいだった。

御殿場キャンプではまず歩くことから始めた。走ろうにも膝に力が入らないから、ただ、ひたすらグラウンドを歩くだけ。

肉離れや骨折のように目に見える外傷があるわけでもなく、トレーナーもチームドクターもどこまで何をすればいいのか判断に困っていた。

グラウンドを歩くだけでなく、プールの中を歩くリハビリも行った。少し症状が和らぐと、ゆっくりとだがランニングできるようになった。それでも膝に力は入らず、しばらくはダッシュもできなかった。

症状が和らいだのは、発症から1カ月くらいが経ったころだろうか。次第に身体に力が入るようになり、ボールも蹴られるようになったが、それでも以前の感覚とはどこか違った。久々にボールを蹴ったときは、心底、うれしく、喜びを噛みしめたけど、それまで身につけてきたものと同じ感触を取り戻すまでには、かなりの時間を要した。

それからしばらくは、手を握りしめ、自分の握力を確かめる癖がついていた。気がつけば、手を握りしめ、「今は力が入る」「今日はしっかり握れる」と、自然と確認していた。

あれ以来、ギランバレー症候群にはなっていないし、あれが本当にギランバレー症候群の症状だったのかも、今となっては分からない。具体的な治療法も症状の把握もできないため、ギランバレー症候群は難病と言われているのだろう。

それでも、当たり前のことが当たり前にできることの素晴らしさ、喜びを再認識させられた。今はもう手を握りしめて確認することはないけれど、今も、こうしてボールを蹴れることに感謝して、僕はグラウンドで日々、シュートを打っている。

子供にゲームで再戦を挑むほどの負けず嫌い

プロである以上、勝敗にこだわるのは当然だ。おそらく、すべての選手が負けず嫌いであり、勝ち負けにこだわっている。戦いに負けても内容が良ければいいなんてことは絶対にない。プロである以上、結果も内容も追い求めていくのがプロだとも思う。

自分自身を客観視しても、かなりの負けず嫌いだと思う。

例えば、コンディション調整のために、比較的リラックスした状態で行うミニゲームに負けたとしても悔しいし、正直、不機嫌にもなる。勝負ごとであれば、遊びと割り切ることはできない。どちらかというとそうした感情も表に出してしまうため、きっとチームメイトは僕のことを面倒くさいと思っているかもしれない（笑）。

自分が負けず嫌いだと実感してしまうのが、子供たちといるときだ。

ゲームセンターに行き、一緒にゲームをして、負けようものなら、必ず子供たちに「もう1回やろう」とお願いする。家でもよくトランプをして遊ぶけど、ババ抜きで負けたときも「もう1回やろう」と誘う。自分でも大人げないなと思い、意図的に負けて、子供たちに勝つ喜びを教えようとしていたが、最近は子供たちも大きくなり、手を抜かなくても負ける機会が増えてきた。でも、やはり負けて終わるのは嫌なので、「もう1回」と再戦をお願いする。それでも勝てなかったときに、やっと負けを認める（笑）。

子供たちと遊ぶときは、同じ目線になって競っているため、妻の奈央には、三兄弟と呼ばれている。ちなみに僕はそこでも長男ではなく、次男らしい。きっと、双子の弟である僕より、長男の玲央人のほうが周囲の空気を読んだり、状況を考える能力に長けているのだろう（笑）。

ハートは熱く、頭はクールに

2012年のJリーグアウォーズでは、MVP、得点王と選ばれる中、フェアプレー個人賞を受賞した。そのスピーチで、僕はこう話させてもらった。

「このような素晴らしい賞を自分自身2回目という形でいただけたことを非常にうれしく思っています。僕の二人の息子も、今、サッカーをしています。息子にはもちろんですが、多くのサッカー少年に、フェアプレー精神を持ってサッカーを続けていくことを、トップレベルの位置から伝えていければと思っています。このような素晴らしい賞をいただけたことに感謝しています。ありがとうございました」

２００７年に続く、２度目のフェアプレー個人賞は本当に名誉なことだった。年々、球際でのせめぎ合いやゴール前での駆け引きが激しくなる中、シーズンを通して一度も警告、退場を受けなかったことは自分の誇りでもある。

最近はテレビ中継の機材も進化していて、タッチライン沿いに置いてあるマイクもかなり広範囲で音声を拾うので、削られたときに一言文句でも言ってしまえば、その声を拾われてしまう可能性もある（笑）。それは冗談だけど、レフェリーにも主張はするが、決して文句は言わない。だから、異議によるカードはほとんどもらったことがない。

そう言っておいて何だが（笑）、実は僕が最後にイエローカードをもらったのは、異議によるカードだった。２０１１年7月27日に等々力競技場で行われたヤマザキナビスコカップ1回戦の第2戦で、僕はレフェリーに異議を申し立て、警告を受けた。実際はその場にあった給水用のボトルを投げつけたのだが。

後半34分、右サイドでミカ（ミキッチ）が相手選手に倒されてボールを奪われ、それを奪い返そうとした（髙萩）洋次郎がファールを取られた。主審は洋次郎の行為を反スポーツ的行為と見なし、イエローカードを提示した。その直前でミカが倒されたシーンも同様にファールであり、それを不服に思ったペトロヴィッチ監督はレフェリーに主張したが認められず、執拗《しつよう》な抗議として退席処分となったのだ。それも退席の決定打となったのが、対戦相手の選手が、ペトロヴィッチ監督がピッチに給水ボトルを投げつけたと発言したのを聞いての判定だった。

でも、真相は違う。僕はその場面をよく見ていた。本当は副審であるラインズマンが下がるときに給水ボトルを踏んだため、それがピッチに入っただけだったのだ。ペトロヴィッチ監督は判定に対して主張はしたが、決して給水ボトルを投げつけてなんかいなかったし、蹴ってもいなかった。

正直、監督の退席処分には納得がいかなかった。僕は事情を説明しに主審のところに駆け寄り話したが、受け入れてもらえなかった。このままでは事実が明るみになることはなく、審判団のミスも見逃されてしまう。

すでに僕は2007年にフェアプレー個人賞を受賞していた。周囲から自分がフェアな選手であるという認識を抱いてもらっていることも十分に理解していた。だから僕は、この場面をただの退席処分で終わらせたくない、なぜ監督が退席しなければいけなかったかをきちんと取り上げてほしいという思いから、近くにあった給水ボトルを地面に投げつけた。

当然、主審はその行為に対してイエローカードを提示した。ただ僕の行為は、一時的な衝動によるものではない。論点を明確にしたいがための行動だった。**試合中に熱くなることはあるけれど、感情的になることは決してない。**冷静にプレーし、冷静に対応する。チームメイトに言葉を掛けるのも状況を判断した上での行動であり、審判に主張するのも正当にジャッジしてもらうがための行動だ。それくらい試合中、僕の頭の中はクールなのだ。

FWゆえのポジティブ思考

基本的に物事はポジティブに考えるほうだ。もちろん、試合に負ければ悔しいし、シュートを外せば、自分自身に憤りを感じる。

GKやDFは自分がミスをして失点につながったとき、その落胆が非常に大きい。1点がチームの勝ち負けに関わるため、ミスの大きさが変わってくる。他のプレーでミスを帳消しにしようとしても、やはり失点は苦い記憶として残る。

だが、FWはシュートを外したとしても、その場では悔しい思いはするが、90分の中でそれを得点という形で取り戻すことができる。**FWはミスをして失敗したとしても成功につなげることができるポジション**なのだ。

それこそ、サッカーボールを蹴り始めたころから数えれば、自分は何本シュートを外してきたか分からない。反省はするけれど、次はミスをしないように、挽回するためにトレーニングしてきたし、次のチャンスで、試合でゴールを決めようと努めてきた。もともとの性格なのかもしれないが、ストライカーというポジションが自分をポジティブ思考へと作り上げていったのかもしれない。

サッカー以外の部分でもポジティブ思考は当てはまる。例えば占い。

僕はいいときだけ信じる。悪いときは、これで人生が決まるわけではないだろうと楽観的に考える。

占いは生年月日をもとに判断されるものが多い。とすると、双子の僕と勇人は同じ運命にあるということになる。

お互い一緒に過ごしていた時期も、僕にいいことがあっても、必ずしも勇人にいいことがあるわけではなかったし、逆もしかりだ。だから、都合の良い解釈かもしれないけど、僕はポジティブなことしか信じないようにしている。

試合前日には、よくゴールシーンをイメージするのだが、誰からボールを受けて、どういう形で自分がシュートするかまで具体的に考える。さらにその後、ゴールを決めて喜ぶところまで想像する。そこまでで一連の作業なのだ。

ゴールパフォーマンスにしても点を取らなければやることはできないし、あれをやるからには無様なプレーはできない。ゴールパフォーマンスは一種のリスクを背負ってもいるわけで、ゴールを決めるところまでをイメージしなければ、考えることは難しい。

性格なのか、ストライカーだからなのかは分からないが、僕はポジティブに物事を考えることで、今までいろいろな壁を乗り越えてきた。

思考を整理するのは車の中で

考え事をするのは、決まって試合前日のホテルか、練習場への行き帰りに運転する車の中だ。ホテルでは翌日の試合をイメージしたり、練習帰りの車の中では、その日の練習で起こった場面やピッチ外で起こったことを振り返ったりしている。

一人の空間でないとゆっくり考え事をするのは難しいし、家の書斎に籠もってしまっては、家族もつまらないだろうし、難しい顔をしていたら子供たちも心配するので、決まって思考を整理するのはホテルか車の中にしている。

先日も車の中で、ふと、選手間のコミュニケーションが取れる場所を作れないかと考えていた。吉田サッカー公園にあるクラブハウスの2階にソファーが置いてあるが、ロッカールームやシャワールームは1階にあるため、なかなか2階に行く機会はない。

そう考えながら運転していると、ロッカールームの一角に、普段は使わない荷物が置いてあることを思い出した。

「あそこにカフェスペースを作ったら、練習後にコーヒーを飲みながら、気軽にみんなで話ができるかもしれない」

コンビニに寄るために車を降りたついでに、クラブのマネージャーに連絡し、その一角を空けられるかと聞くと、問題ないという。

早速、その足で買い物に行き、リサイクルできるプラスチックのコップを購入し、翌日、選手会で購入したネスプレッソ（コーヒーメーカー）を設置し、クラブハウスの1階にカフェスペースを作った。

実は、そういうところはマメだったりする（笑）。選手会の会費も、僕が管理している。そこからネスプレッソのポーションを購入する費用を出したりもしているのだ。

クラブハウスでシャワーを浴びるとき、以前は各々がボディーソープやシャンプーを持ち寄っていたが、それもみんなで共有できればと自分で買いに行き、揃えたりもした。

話は逸れるけど、それこそ、買い物をするときのポイントカードなどもかなり駆使するし、高額な洋服を買うときは、セールになるまで我慢する（笑）。

車の中では、いつもプレーのこと、クラブのこと、自分自身のことを考え、見つめ直している。一人になれる練習場の行き帰りは、自分にとって大切で必要な時間である。

唯一、その時間が苦痛だったのが、J1優勝が決まる直前だった。

特に優勝を決めるその前、浦和レッズ戦を控えた時期は苦しかった。あのときは自分でも分かるほど、プレッシャーを感じていた。

それまで、サンフレッチェ広島に加入してなかなか得点が取れなかったり、残留争いを強いられたりと、プレッシャーの中で戦う機会は何度かあったが、このときは最も重圧を感じていたと思う。練習場以外で人と接するのが苦しくて、極力、外出するのを避けていたくらいだ。

いつもなら積極的にメディアの取材も受けるが、あまり取材を入れないようにクラブにお願いもしていた。

それでもネガティブなことばかりが頭に浮かんできてしまうため、普段は自分の考えや思考を整理する車の中も、楽しい時間ではなかった。だから、あの時期は、自分がサッカー選手であることを忘れて、ラジオのリスナーになりきって、ステレオから流れてくる話題に耳を傾けていた。

妻の奈央も外出する先々で、自分が試合をするわけではないのに、「頑張ってください」「優勝期待しています」と声を掛けられる機会が多くなっていたようで、子供たちが眠った後、二人で、「ものすごくプレッシャーを感じるね」と、本音をこぼしたこともあった。

それだけ、Ｊ１優勝というタイトルは、自分の背中に重くのしかかっていた。

とはいえ、試合前日のホテルと車の中で過ごす、ゆっくりとした時間は自分にとって欠かせない。今も、吉田サッカー公園から自宅へと帰る車の中で、チームがさらに成長するには、自分がさらに成長するには、どうすればいいか、日々、思考を巡らせている。

初めてブログが炎上したサッカー選手？

今でこそ、選手がオフィシャルブログを開設したり、ツイッターのアカウントを取得したりして、個人的な情報を発信するのは当たり前になっているが、僕はプロになったばかりのころから個人のオフィシャルサイトを持っている。

ジェフユナイテッド市原のジュニアユースでプレーしていたため、学校のサッカー部には入れなかったが、通っていた中学校には必ず、何かのクラブ活動をしなければならないという規則があった。だから、僕はパソコン部に籍を置いていた。念のために言っておくと、それは活動が楽だからというわけでは決してない（笑）。もともと、デジタルツールに興味があったからだ。

だからブログの存在を知って、プロになったばかりのころに開設した。2001年にU−20日本代表としてワールドユースに臨み、グループステージで敗退したときは、自分のブログにサポーターやファンの方からたくさんの厳しい書き込みをいただいた（笑）。

当時はまだクラブのオフィシャルホームページも充実していなかった時代で、ブログをやっている選手もほとんどいなかった。そのため、ブログをやっている僕のところに書き込みが集中したのだ。

当時は、なんで自分だけ言われなければいけないんだと思ったりもしたけれど、もしかしたら、サッカー選手で初めてブログが炎上したのは僕かもしれない（笑）。それも今となってはいい思い出だ。

他には毎月、サッカー雑誌だけでなく大量のファッション誌も読む。好きな洋服やバッグを買うのは楽しみでもある。また、インターネットで検索して、美味しいお店を探したり、人から紹介してもらい新しいレストランを開拓するのも好きだったりする。

ワインが好きになったのは人との出会いからだった。

もともとお酒が強くなく、体質の問題だと諦めていたのだが、あるとき知人とイタリアンを食べに行く機会があった。席について勧められたシャンパンを飲み、食事をしながら、ゆっくりとワインを嗜《たしな》んだ。

「この飲み方、自分に合っているな」そう思ったのだ。

ワインを好むようになったのはその頃からだ。特にイタリアワインが好きなのは、サッカーの影響もあるかもしれない。

たまに家族と別行動したときに、自分だけが高いワインを飲んでしまったりすると、妻の奈央に怒られることもある（笑）。もちろん、シーズン中も飲みたいと思うときはある。だけど、そこは自分の体調を考えて節制するように気を遣っている。

シーズン中にお酒を嗜むのは決して悪いことではないと思う。でも、試合などで打撲したときなどに、お酒を飲んでしまうと回復が遅れてしまう。少しでもベストコンディションでプレーするためには、ときには我慢も必要なのだ。

食事の摂《と》り方にも、それなりに気を遣っている。初めて日の丸を付けたU－16日本代表では、食事について栄養士から学ぶ機会があった。その後も周囲の識者や雑誌などのメディアからも情報を収集した。

若いころは、欲求に勝てず、そのときに食べたいものを食べてしまうこともあったけど、30歳になり、少しでも長く現役を続けるために、食事の順番や種類にも気を遣うようになった。

今は野菜から摂り、その後、肉や魚のメイン、最後に炭水化物を摂取するようにしているが、キャンプ中などのホテル生活が長くなると、それがストレスになるときもある（笑）。

ビュッフェ形式の食事では色とりどりの料理が並んでいる。それを見ると、早く肉も食べたいし、ご飯も食べたいと食欲が湧いてくる。でも、その中で最初にサラダを取りに行かなければならないことが苦痛だったりする（笑）。実はこの生活が長くなると、ときに好きなものを好きなタイミングで食べられないことがストレスになるのだ。

それこそシーズン中も「焼き肉が食べたい!」「ラーメンが食べたい!」という欲求にかられるときもある。でも、それが試合の2日前だったら我慢するし、諦める。すべては自分自身のコンディションのため。ただし、ストレスを溜めすぎるのもいいことではないので、試合翌日がオフのときは、好きなものを食べて、そうしたストレスを発散している。

決して特別なことをしているわけではない。自分の身体を知ること、そして不摂生しないこと。この二つを意識するだけでもだいぶ変わってくる。あとは浴びるほど、お酒を飲まないことくらいだろうか。

ちなみに家の書斎には経済関係の書籍が並んでいる。

プロサッカーは、サポーターがチケットを購入してスタジアムに足を運んでくれ、多くの企業がクラブをスポンサードしてくれることで成り立っている。

そのため、当然、世の中の景気に左右される。だから、クラブの経営状況や仕組みをきちんと知っておく必要があると思った。それがきっかけとなり、経営学や会計学の書籍、さらにはビジネス誌にも目を通すようになった。

先の項で触れた食生活についてもそうだ。栄養学についても雑誌などから知識を得る。ただ、それをそのまま鵜呑みにするのではなく、インターネットでさらに深いところまで調べ、より知識を得てから試してみる。情報が溢れている時代だからこそ、取捨選択が大事になる。

でも、ファッションもワインも、結局のところ、こだわってしまうのは、プレースタイルと一緒で頑固なのかもしれない（笑）。

加入時に驚いた、サンフレッチェ広島の伝統

コンディション管理や食事への気遣いをするようになったのは、サンフレッチェ広島に加入してからだ。

監督によって練習前の集合時間は異なる。ペトロヴィッチ監督のときは練習が始まる10分前までにグラウンドに出ていなければならなかったが、森保（一）監督は、開始時間に遅れなければ問題ない。ベガルタ仙台時代に指導を受けたズデンコ・ベルデニック監督は厳しく、練習開始の45分前にはクラブハウスに集合する決まりだった。

僕もかつては、30分前に練習場に到着して、すぐに着替えて練習に臨むというサイクルだった。

ところがサンフレッチェ広島では、みんな練習開始の1時間前にはクラブハウスに到着し、それぞれが必要なストレッチや、準備運動を行ってから、練習に臨んでいた。一人ひとりコンディションも違えば、体調も異なる。その中で選手個々がフィジカルスタッフと相談しながら、

練習前の準備を行っていたのだ。

　僕はサンフレッチェ広島を含めて4チームでプレーしてきたが、特にサンフレッチェ広島のフィジカル、メディカルスタッフの意識は高いと思う。トレーナーも勉強熱心で、クラブハウスには今のスポーツ界の最先端ともいえる器具がたくさん置いてある。

　身体をやわらかくし、正しい姿勢を保つ効果のあるストレッチポールも話題になる前から常備されていたし、鹿島アントラーズが使用していることで注目を集めた、疲労回復を促進してくれるパワープレートもいち早く置いてあった。

　練習の1時間前から入念な準備をするようになってから、以前は身体が硬く、前屈しても地面に手がつかなかったのに、軽々と地面に手がつくほど柔軟になった。家にも揃えられる器具は揃え、日々、自分の身体をメンテナンスするようにもなった。そうした日々の心がけが、長いキャリアを送れることになると信じている。

積極的にコミュニケーションを取る理由

　自分では、人見知りしない性格だと思う。

　ジェフユナイテッド市原のジュニアユースに加入するため、埼玉県から千葉県に引っ越し、そこで一から友人を作らなければならなかったこと、育成年代から日本代表に選ばれて初めて会う選手とプレーする機会が多かったこともあるかもしれないが、新しい環境にも躊躇《ちゅうちょ》することなく、飛び込んでいける性格へと育ててくれた両親には感謝している。

新しいチームメイトとは積極的に連絡先を交換して、食事に誘う。若いころに移籍を経験しているので、早く新しい環境に馴染み、チームメイトの人柄を知りたいと思う気持ちはよく分かるからだ。

若いころは先輩には食事に連れていってほしいとお願いもしたし、可能な限りピッチ外でもコミュニケーションを取る。キャプテンになってからは、選手個々がメンタル面も含めて、どういう状態かを把握しておきたいと思うようにもなった。

ただ、あまりに積極的にコミュニケーションを取ろうとしすぎて、たまに失敗するときもある。

２００１年に、年上の吉田恵さんがヴィッセル神戸からジェフユナイテッド市原に加入してきたときのことだ。

チームの集合写真を撮影する際に、僕は思いっきり吉田さんにちょっかいを出してしまったことがある。まだ、若く、やんちゃだったからということで許してもらいたいが、そのちょっかいが少し度を過ぎていたこともあって、吉田さんは怒り、しばらく僕と口をきいてくれなかった（笑）。

チームメイトと必要以上に仲良くならなくてもいい。だが、その人のことを知っておいて損はしないし、その人がどういう人なのか、どういう性格なのかを知ることで、試合や練習中のプレーについての話し方や要求の仕方も変わってくる。ピッチ外で築いたコミュニケーションも、その後の練習や試合でのプレーに好影響をもたらすことは多い。

ただし、最近はチームの中でも年長者になり、なかなか自分から連絡先を聞くことも食事に誘うことも難しくなってきた（笑）。だから、新たに加入してきた選手や若手には、自分の若いころのように、積極的にコミュニケーションを取ってきてほしいとも思う。

試合の悔しさは試合でしか返せない

体質や性格もあるかもしれないが、試合後に眠れないということはほとんどない。よく、試合後は興奮状態にあり、なかなか寝つけない選手が多いという話を聞くけれど、それは自分には当てはまらない。

それこそJ1優勝を決めた日も、家に帰るとすぐに眠りにつくことができた。

あの日は今までの人生で最も忙しい一日だった。

スタジアムでホーム最終戦の挨拶をすませた選手たちは、メディア取材を終えると、チームバスでテレビの収録を行うホテルへと向かった。だが最後までスタジアムで取材を受けていた僕だけは、タクシーで移動することになった。まだ、かなりの興奮状態にあったし、誰かとその喜びを語り合いたいと思っていたから、少し寂しい気持ちだった。

収録先のホテルに着くやいなや、喜ぶ間もなく、次々にテレビの収録が始まった。スケジュールはまさに分刻み。妻に連絡する時間も全く取れず、すべての取材を終えたのは、深夜2時を過ぎていた。その後、一足先に取材を終えた選手たちが祝勝会をやっているお店に移動し、みんなでビールかけをして、帰宅したのが深夜の3時ごろ。僕の帰りを待ちくたびれた妻は、リビングで寝てしまっていた。

実はその日は、長男の玲央人の誕生日だった。翌日の朝、遅ればせながらケーキに蠟燭《ろうそく》を立ててお祝いをした。だから、優勝した翌日の朝ご飯はケーキだった（笑）。

こんな激動の一日ですら、ぐっすり眠れてしまう性分なのだ。

負けた試合の後は、もちろん悔しいが、それも寝ることで切り替えている。年齢を重ねたからか、その悔しさは、お酒みたいに翌日まで少し残るようになってきたけれど。

サッカーで生まれた悔しさは、ボールを蹴ることでしか解消されない。だから、試合に負けた後は、早くボールを蹴りたくなり、早く試合がしたくなる。

あの悔しさは、美味しいご飯を食べたり、高い洋服を買ったりしても消えることはない。試合に勝つことでしか埋めることはできない。だから、いつまでもくよくよしたり、いつまでも悔しがったりするのではなく、次の試合で挽回しようと、いつも心に誓っている。

ONとOFFを繰り返して戦闘モードに入る

試合への準備の仕方は選手によってさまざまだ。

バスに乗り込むときから音楽を聴いて、一人の世界に浸って集中力を高めていく選手もいれば、試合直前まで普段と変わらない選手もいる。

僕はどちらかといえば後者。完全にスイッチを入れるのは、試合開始の笛が鳴った瞬間でいい。スタジアムへ向かうバスの中からスイッチを入れてしまっては疲れてしまうし、肝心の試合のときに、きっと集中力が切れてしまう。

ただ、それも最初からできていたわけではない。ジェフユナイテッド市原でプロになったばかりのころは、それこそ気持ちが入りすぎて最大限に緊張していたから、ロッカールームでは生きた心地がしなかった。

先輩たちがリラックスして雑談している中で、口数も少なく、いわゆるテンパっていた時期もある。デビュー当時は、周りに不安になっていることを悟られないように、気丈に振る舞おうとしていたが、今思えば、きっと先輩たちには僕がガチガチになっていることは一目瞭然だっただろう。

また年齢的にベテランになってきたこともあり、いろいろな選手のデビュー戦に立ち会う機会も増えてきた。若かりしころの僕と同じように緊張していたり、気持ちが入りすぎてしまうことは少なくない。

マキ（槙野智章）のリーグデビュー戦もそうだった。

あれは2006年のJ1最終節、アウェイの清水エスパルス戦だったと思う。マキは先発出場ではなかったけれど、その試合はリーグ最終戦ということもあり、状況によっては出場する可能性が高まっていた。試合に出られるかもしれないと期待していたマキは、あの性格どおり、試合前からちょっとした興奮状態で、必要以上に気持ちが高ぶっているように見えた。

このままのテンションで試合に入ったら、視野も狭まるだろう。何より彼が持っている本来の力が発揮しきれないかもしれない。そう思った僕は声を掛けた。

「落ち着いて、自分のプレーをすれば大丈夫だよ」

気合いを入れることは重要だけど、それ以上に冷静さも必要だ。だから僕は、彼の前向きな姿勢はそのままに、冷静にプレーできるような言葉を掛けた。

その試合、彼はハンジェ（李漢宰）に代わって後半20分から出場した。僕が言葉を掛けてもなお、彼の気合いは漲っていたけれども（笑）。

２０１３年のゼロックススーパーカップは、シオ（塩谷司）がレギュラーとして初めて迎える公式戦だった。「やばい、やばい」と緊張していたから、僕は試合前にリラックスさせる意味も込めて声を掛けた。

一人ひとりプレースタイルに個性があるように、性格も異なる。だから、**その選手の性格を理解し、そのときの状況や選手の精神状態を読み取って、言葉を掛ける**ようにしている。緊張している選手には「普段どおりやれば大丈夫だよ」と言い、興奮状態にある選手には、「冷静にやろう」と言う。萎縮させるのではなく、普段どおりの力が発揮できるような言葉を選び、投げかけるようにしている。

僕自身は、今では試合前に緊張することはなくなった。試合に集中するためのスイッチも、瞬時にＯＮ、ＯＦＦにすることができる。

試合会場に着いた後はＯＦＦにし、ウォーミングアップするときにＯＮにする。そしてロッカールームに戻ったときはＯＦＦに切り替え、チームで円陣を組むときは再びＯＮにするといった具合に、徐々に集中力を高め、戦闘モードに入っていくのだ。

そしてピッチに足を踏み入れたときには、気持ちも最高潮に達し、キックオフと同時に一気に集中する。ずっと集中し続けることは難しい。何事もメリハリが大事だと思う。

下手だから、努力できる喜びがある

自分はそれほど才能に恵まれていたわけではない。ものすごく下手だとも思わないけれど(笑)。ただ、いつの時代も自分よりうまい選手はいくらでもいると思っていたし、実際にいくらでもいた。

ジェフユナイテッド市原ユース時代のコーチ・大木誠さんからもらった「1パーセントの才能、99パーセントの努力」の言葉のとおり、僕は僕なりに向上心を持ち続け、一つひとつハードルを越えてきたから今があると思っている。

下手だから、できるようになるために努力していく。その努力が自然と向上心を育んでいく。

子供のころからの憧れの存在だったゴンさん(中山雅史)が、こんなことを言っていた。

「自分は下手だから、できるようになるために努力しなければならなかった。何でもすぐにできてしまう選手はそれで満足してしまうので、逆にかわいそう」

仮に自分がフィジカルに長けていたり、高いテクニックを持ち合わせていたとしたら、ここまで考えてプレーしていただろうか。ゴンさんの言葉に自分のキャリアを重ね合わせて、いたく納得した。

ゴンさん、カズさん（三浦知良）たちは、飽くなき向上心を抱き続けサッカーを続けている。その姿勢や精神は、僕自身も大切にしているし、これからも初心を、そして向上心を忘れることなく持ち続けていたいと思う。

人づてにだけれども、カズさんが「ストライカーはチャンスに顔を出せなくなったら終わりだ」と語っていたという話を聞いたことがある。

いくら計算し、思考を巡らせて動いていたとしても、自分の力だけではどうにもならないことはある。味方とのタイミングが合わずに一歩が届かないときもあれば、好位置に走り込んでいたとしてもクロスがタッチラインを割ってしまう可能性もある。動作にすれば、ほんの小さなことが噛み合わなかっただけで1点を奪うチャンスは失われてしまう。

だけど、チャンスに顔を出すことさえできれば、あとは自分次第だ。フィニッシュまで到達できれば、自分の力でゴールを奪い取ることはできるのだ。それは憧れのストライカーであるフィリッポ・インザーギの動きにも共通している。

なかなかゴールが奪えず、いわゆるスランプに陥っていた時期もあった。前述したが、2005年にサンフレッチェ広島に加入したときは、公式戦で8試合連続ノーゴールという時期があった。2試合、3試合くらいならゴールが奪えていなくてもそれほど気にすることはない。

けれども、5試合、6試合と無得点が続くと、さすがに「そろそろ決めないとやばいな」と焦りが生まれてくる。特にFWはMFやDFと違い、数字で評価されるポジションのため、「○試合無得点ですね」とメディアに聞かれることもある。そうすると、さらに意識してしまい、焦りやプレッシャーになってくる。

2007年には加入したときよりも長い、11試合連続で無得点が続いたこともあった。そのとき、当時、日本代表で一緒だった播さん（播戸竜二／セレッソ大阪）のコラムをサッカー雑誌で見かけた。「スランプに陥ったときはどうするのか？」というテーマだった。播さんは、「ゴールを奪えなくても、すぐに忘れる」「今を見るのではなく、次を考える」という主旨のことを語っていた。僕はみんな一緒なんだなと共感すると同時に、焦っていても仕方がない、次の試合で取ればいいいんだと、少し気持ちが楽になった。

コンスタントにゴールを取れているときも、いつ取れなくなるか分からない。ゴールを取れているからといって、内容が伴っているとも限らない。常にいろいろなことを試合から練習から学び、考えていかなければならないのだ。

今の自分を形成しているのは、先輩たちの行動や言葉を見て、聞き、それからヒントを得て、自分なりの形や方法として取り入れていったものばかりだ。そのすべての基盤はもっとうまくなりたい、もっと成長したいという向上心以外の何ものでもない。

向上心を持ち続けている限り、人は成長し続けられる。それを僕は示していきたいし、多くの先輩たちが証明してくれてもいる。

自分が本当にやりたいことは何なのか?

「自分自身との戦いに勝つこと、それが最も偉大な勝利である」

これは日本サッカーの草創期に尽力されたデットマール・クラマー氏の言葉だ。

僕がジュニアユースに加入したころのジェフユナイテッド市原は、Jリーグが創設して間もなかったが、すでに育成組織に力を注いでいた。

コーチたちはドイツで指導法や育成法を学び、サッカー選手としても人間としても僕らを成長させようと、いろいろな言葉を投げかけてくれた。

あれは15歳のときだった。ユースに昇格すると、コーチの大木誠さんは僕らにサッカーの本を何冊も薦めてくれた。プロを目指す僕らに、大木さんは本を読むことで、何かを感じ取ってもらいたいというメッセージを込めてくれていた。その中の一冊に書かれていたのが、冒頭の言葉だ。当時はクラマー氏がどれほど偉大な人か分からなかったが、この言葉が目に飛び込んできて、思わずサッカーノートに書き留めた。

ユースには、全員がプロになりたい、Ｊリーガーになりたいという強い気持ちを持った選手たちが集まってきていた。だが、全員がその先のプロに進めるわけではない。

蹴落とすといったら大袈裟かもしれないが、チームメイトとの競争に勝ち抜き、生き残っていかなければ、先はないという危機感は少なからず抱いていた。それだけに、同じＦＷの選手のゴールを素直に喜べなかったり、他人の活躍を妬んでしまったりと、自分と他人とを比較してしまう気持ちはどこかにあった。

アイツより自分のほうがうまければ残れる、アイツよりゴールを奪えば評価されると、プロやさらにその先を目指すのではなく、身近のチームメイト、ようするに近いところに目標を設定してしまう時期もあった。

そのときに出会ったのがこの言葉だった。

競うのはチームメイトではなく、自分自身である。チームメイトより評価されたからといってプロになれるわけではなく、チームメイトより得点を決めたからといって、それが到達点ではない。目指すのはもっと、もっと高いところにある。クラマー氏の言葉は、それに気づかせてくれた。

また、サッカー以外の誘惑もあった。これは特にユースに昇格してから感じたことだが、学校が終わると友人たちはカラオケやゲームセンターなどに遊びに行く。バイトに精を出し、遊ぶ頻度や、使う金額が増えた友だちもいた。

その中で自分は、毎日、毎日、サッカーに明け暮れている。学校が終わり、友人が遊びに行く相談をしているのを横目に、自分は練習に行かなければならない。ときにそれが羨ましくなり、遊びに行きたいと思うこともあった。

そのときは、いつも自分の心に問い質《ただ》した。

「自分が本当にやりたいことは何なのか？」

今、遊びたいのか。それともサッカー選手になりたいのか。偶然だが、高校に入学してあるとき生徒手帳をめくっていると、校訓が書いてあった。

「己に克《か》つ」

クラマー氏の言葉を要約すれば、こうなるだろう。それからは自分の座右の銘はこの言葉になった。それは今もなお変わらない。

おわりに

2012年シーズンを称えるJリーグアウォーズの舞台では、得点王、フェアプレー個人賞、ベストイレブン、そして最優秀選手賞をいただいた。

一人で壇上に立ちスピーチするときはものすごく緊張したが、視線を先に向けると、ともに戦い、J1優勝を勝ち取った監督やチームメイトたちの笑顔があった。

その瞬間、僕は「一人じゃない」と、試合に臨むときに似た、心強さを感じた。

これまで参加してきたJリーグアウォーズは、個人表彰やチームを代表しての出席だった。歴代のJ1優勝チームがチーム全員で喜ぶ姿を眺めながら、毎回、いつか自分たちも、と決意を新たにしていた。

だから、今回ばかりは個人タイトルよりも、チームメイト全員で壇上に上がり、喜びを分かち合えたことが何よりうれしかった。

サポーターとともにスタジアムで歓喜に酔いしれる瞬間。Jリーグアウォーズで他のチームの選手たちから温かい拍手をもらう瞬間。優勝チームだけが味わえるこの特権は、やみつきになる。いつも僕らの背中を押してくれる熱いサポーターの皆さんと、あの喜びを再び分かち合うため、僕はこれからもゴールを狙い続けたい。

今回、自分の経験や思考を整理していく中で感じたのは、今の自分があるのは、これまでともに歩んできたチームメイトのおかげだ、ということだった。

本書の中で何度も繰り返しているように、僕は身長が低く、これといった身体的特徴がない。そんな自分が13年間のキャリアで通算167得点を積み重ねることができたのは、自陣で相手の攻撃を防ぎ、そしてゴール前までボールを運んできてくれたチームメイトがいたからだ。

みなが僕のプレースタイルを理解して、絶好のパスをゴール前に供給してくれるからこそ、僕はゴールを挙げることができる。

また、「谷間の世代」と呼ばれ、批判される機会も少なくなかった同世代の選手たちとは、いつしか強い連帯感で結ばれた。そして、いつか見返してやると反骨精神を抱いてプレーしてきた。

さらに、これまで指導してくれた恩師たちからは、自分が成長するための言葉やヒントをもらい、先輩たちからはプロとしての姿勢を学んだ。

そんな素晴らしい人たちから多くのことを吸収し、そして自分なりに考えてきたからこそ、今の自分はある。

ストライカーはチームの中で誰よりも貪欲にゴールを目指す選手でなければならない。そして、その役割に終わりはない。

２０１２年シーズンに22得点を挙げて得点王になったからといって、決して自分に満足しているわけではない。あの場面で、こうすればもっと得点が取れたのではないか、こういうプレーができていればゴールできたのではないか、と常に考えている。

きっと、満足することも、終わりもないのだろう。うまくなりたいと思わなければ、その時点で成長は止まってしまう。

31歳になり、選手としては折り返し地点を過ぎているのかもしれない。でも、今、毎日の練習が楽しくて仕方がないように、まだまだ、うまくなりたい、成長したいという欲求は尽きることがない。

これからも、ともにプレーするチームメイトから大いに刺激を受け、そしてライバルたちからさまざまなことを吸収して、選手として一回りも二回りも飛躍することができればと思う。

本書を出版するにあたり、所属事務所である株式会社エム・アール・エイチの辰己直祐さん、田井美樹子さん、そしてスポーツライターの原田大輔さんには多くのアドバイスをいただきました。心から感謝を申し上げます。

最後に、ここまで大きなケガもなくプレーし、ゴールを決め続けられているのは、僕を生み、丈夫に育ててくれた両親がいたからでもある。普段、面と向かって感謝の言葉を伝えるのは照れくさいので、この場を借りて、「ありがとう」と伝えたい。

そして、今までともに歩んできたすべてのクラブ、チームメイト、スタッフ、サポーター、そして僕を育ててくれたすべての指導者に感謝の気持ちを込めて。

2013年7月　佐藤寿人

構成 …………原田大輔
ブックデザイン……bookwall
カバー写真………ホンゴユウジ
口絵写真…………ロイター／アフロ（P3上）、徳原隆元／アフロ（P3下）、
Jリーグフォト（P4）
協力 …………辰己直祐、田井美樹子（エム・アール・エイチ）
サンフレッチェ広島

〈著者紹介〉
佐藤寿人（さとう・ひさと） 1982年、埼玉県春日部市生まれ。170cm、68kg。ポジションはフォワード。2000年、Jリーグ・ジェフユナイテッド市原でプロデビュー。セレッソ大阪、ベガルタ仙台を経て、2005年よりサンフレッチェ広島に所属。2012年までにJ1・J2通算167得点を記録している。

GENTOSHA

小さくても、勝てる。
2013年6月25日　第1刷発行
2013年7月25日　第3刷発行

著　者　佐藤寿人
発行者　見城 徹

発行所　株式会社 幻冬舎
〒151-0051 東京都渋谷区千駄ヶ谷4-9-7

電話:03(5411)6211(編集)
03(5411)6222(営業)
振替:00120-8-767643
印刷・製本所:図書印刷株式会社

検印廃止

ISBN978-4-344-02412-0 C0095
幻冬舎ホームページアドレス　http://www.gentosha.co.jp/

この本に関するご意見・ご感想をメールでお寄せいただく場合は、
comment@gentosha.co.jpまで。